陈肇元　中国工程院院士

6 岁时的陈肇元

1998 年，陈肇元兄弟四人与母亲在宁波老家门口的小弄内合影

2012 年，陈肇元及其家人在宁波老家的前进门口合影
从左至右依次为：二弟陈肇基、三弟陈肇增、大弟陈肇巽、四妹陈文珠、三弟媳袁幸琪、陈肇元和夫人张茂能

2006 年，与夫人张茂能在宁波的
甬籍院士公园铜像前

2005 年，与夫人在云南玉龙雪山上

2000 年，与夫人在英国

清华大学的防护工程实验室（现已拆除）曾是陈肇元长期工作的地方，内有爆炸模拟机和快速加载试验机等设备

门框墙是支撑工事口部防护门的周围墙体，受到冲击波的巨大压力，是工事中的薄弱环节。图为陈肇元参加“大型门框墙设计方法研究”会议，右一为孙钧院士，右二为陈肇元院士

做高强混凝土板实验

做高强混凝土柱实验

在法国

在各地举办高强混凝土技术讲座

参加第五届混凝土结构耐久性科技论坛（右二为陈肇元）

出席“预应力高强混凝土管桩耐久性的研究”成果鉴定会
（前排左六为陈肇元）

发起的由中国土木工程学会召开的每两年一次的
全国土木工程系系主任会议备受欢迎

出席中国土木工程学会第七届第六次常务理事会会议
（前排左四为陈肇元，左五为建设部原总工程师姚兵）

1997 年秋在颐和园

在长江三峡大坝前留影

2002年，在外地考察

参加中国土木工程（詹天佑）大奖颁奖大会（左三为陈肇元）

在深圳清华苑建筑设计院大楼前，左一为设计院院长罗征啟，
左二为陈肇元，右一为深圳大学副校长邢峰

作深基坑土钉支护设计施工技术报告

参加全国基坑工程学术讨论会

在美国伊利诺伊大学的 Newmark 土木工程系馆前

受日本防卫大学邀请为土木工程系学员讲学

与公安部消防局领导及顾问专家等合影，就座的右五为
陈家祥局长，右六是陈肇元

中国工程院院士

是国家设立的工程科学技术方面的最高学术称号，为终身荣誉。

中国工程院院士传记

陈肇元自传

我的土木工程科研生涯

陈肇元 著

人民出版社
科学出版社

图书在版编目(CIP)数据

陈肇元自传：我的土木工程科研生涯 / 陈肇元著. —北京：科学出版社，2016.7
（中国工程院院士传记）
ISBN 978-7-03-049518-1

Ⅰ. ①陈… Ⅱ. ①陈… Ⅲ. ①陈肇元–传记 Ⅳ. ①K826.16

中国版本图书馆 CIP 数据核字（2016）第 182768 号

责任编辑：侯俊琳 牛 玲 张 莉 宋 丽
责任校对：郑金红 / 责任印制：徐晓晨 / 封面设计：铭轩堂

科学出版社 出版
北京东黄城根北街 16 号
邮政编码：100717
http://www.sciencep.com
北京凌奇印刷有限责任公司印刷
科学出版社发行 各地新华书店经销
*
2016 年 8 月第 一 版 开本：720 × 1000 1/16
2025 年 4 月第五次印刷 印张：11 1/4 插页：6
字数：160 000
定价：78.00 元

中国工程院院士传记系列丛书

总 序

20 世纪是中华民族千载难逢的伟大时代。千百万先烈前贤用鲜血和生命争得了百年巨变、民族复兴，推翻了帝制，击败了外侮，建立了新中国，独立于世界，赢得了尊严，不再受辱。改革开放，经济腾飞，科教兴国，生产力大发展，告别了饥寒，实现了小康。工业化雷鸣电掣，现代化指日可待。巨潮洪流，不容阻抑。

忆百年前之清末，从慈禧太后到满朝文武开始感到科学技术的重要，办“洋务”，派留学，改教育。但时机瞬逝，清廷被辛亥革命推翻。五四运动，民情激昂，吁求“德、赛”升堂，民主治国，科教兴邦。接踵而来的，是 18 年内战、8 年抗日和 3 年解放战争。恃科学救国的青年学子，负笈留学或寒窗苦读，多数未遇机会，辜负了碧血丹心。

1928 年 6 月 9 日，蔡元培主持建立了中国近代第一个国立综合科研机构——中央研究院，设理化实业研究所、地质研究所、社会科学研究所和观象台 4 个研究机构，标志着国家建制科研机构的诞生。20 年后，1948 年 3 月 26 日遴选出 81 位院士（理工 53 位，人文 28 位），几乎都是 20 世纪初留学海外、卓有成就的科学家。

中国科技事业的大发展是在新中国成立以后。1949 年 11 月 1 日成立了中国科学院，郭沫若任院长。1950—1960 年有 2500 多名留学海外的科学家、工程师回到祖国，成为大规模发展中国科技事业的第一批领导骨干。国家按计划向苏联、东欧各国派遣 1.8 万名各类科技人员留学，全都按期回国，成为建立科研和现代工业的骨干力量。高等学校从新中国成立初期的200所增加到600多所，年招生增至28万人。到21世纪初，高等学校有2263所，年招生600多万人，科技人力总资源量超过5000万人，具有大学本科以上学历的科技人才达1600万人，已接近最发达国家水平。

新中国成立60多年来，从一穷二白成长为科技大国。年产钢铁从1949年的15万吨增加到2011年的粗钢6.8亿吨、钢材8.8亿吨，几乎是8个最发达国家（G8）总年产量的两倍，20世纪50年代钢铁超英赶美的梦想终于成真。水泥年产20亿吨，超过全世界其他国家总产量。中国已是粮、棉、肉、蛋、水产、化肥等世界第一生产大国，保障了13亿人口的食品和穿衣安全。制造业、土木、水利、电力、交通、运输、电子通信、超级计算机等领域正迅速逼近世界前沿。“两弹一星”、高峡平湖、南水北调、高公高铁、航空航天等伟大工程的成功实施，无可争议地表明了中国科技事业的进步。

党的十一届三中全会以后，改革开放，全国工作转向以经济建设为中心。加速实现工业化是当务之急。大规模社会性基础设施建设、大科学工程、国防工程等是工业化社会的命脉，是数十年、上百年才能完成的任务。中国科学院张光斗、王大珩、师昌绪、张维、侯祥麟、罗沛霖等学部委员（院士）认为，为了顺利完成中华民族这项历史性任务，必须提高工程科学的地位，加速培养更多的工程科技人才。中国科学院原设的技术科学部已不能满足工程科学发展的时代需要。他们于1992年致书党中央、国务院，建议建立“中国工程科学技术院”，选举那些在工程科学中做出重大创造性成就和贡献，热爱祖国，学风正派的科学家和工程师为院士，授予终身荣誉，赋予科研和建设任务，指导学科发展，培养人才，对国家重大工程科学问题提出咨询建议。中央接受了他们的建议，于1993年决定建立中国工程院，聘请30名中国科学院院士和遴选66名院士共96名为中国工程院首批院士。1994年6月3日，召开了中国工程院成立大会，选举朱光亚院士为首任院长。中国工程院成立后，全体院士紧密团结全国工程科技界共同奋斗，在各条战线上都发挥了重要作用，做出了新的贡献。

中国的现代科技事业起步比欧美落后了200年，虽然在20世纪有了巨大进步，但与发达国家相比，还有较大差距。祖国的工业化、现代化建设，任重路远，还需要数代人的持续奋斗才能完成。况且，世界在进步，科学无止境，社会无终态。欲把中国建设成科技强国，屹立于世界，必须接续培养造就数代以千万计的优秀科学家和工程师，服膺接力，担当使命，开拓创新，更立新功。

中国工程院决定组织出版《中国工程院院士传记》丛书，以记录他们对祖国和社会的丰功伟绩，传承他们治学为人的高尚品德、开拓创新的科学精神。他们是科技战线的功臣、民族振兴的脊梁。我们相信，这套传记的出版，能为史书增添新章，成为史乘中宝贵的科学财富，俾后人传承前贤筚路蓝缕的创业勇气、魄力和为国家、人民舍身奋斗的奉献精神。这就是中国前进的路。

宋健

序　言

1952 年 9 月，陈肇元从清华大学土木工程系毕业后留校任教，开始了他毕生从事的教学和科研生涯，尤以科研为主，且研究面宽广，近乎涉及土木工程的各个领域。直至 80 岁成为资深院士之后，他还利用各种机会和场合对中国土木工程设计中的一些陈腐规定和弊病秉笔直书。他算得上是一个终其一生都致力于土木工程领域的科技型学者。

陈肇元为人豁达大度、聪慧勤奋、简约务实、不善辞令，在他任清华大学土木工程系系主任四年间，工作成绩显著但极少开会，仅在年终手写一份总结分发给大家并同时召开一个茶话会。陈肇元的这种性格和作风颇得众望，以至于他任系主任四年届满时，从校领导到系内同仁多有挽留之意，但都被他谢绝了。

陈肇元在学术和工作方面的成就可简述如下。

一、接受任务　全力以赴

改革开放前，国内高校中的研究项目一般都是由上级下达的，极少可以自主选择。20 世纪 50 年代末期，随着中苏关系的完全破裂，国内开展了广泛的“备战备荒”及“深挖洞、广积粮”运动，与此有关的防护工程建设因而被提到日程上来。1962 年，清华大学土木工程系成立了以防核爆冲击波为主的课题研究组，陈肇元负责研究模拟防护结构在冲击波压力荷载下发生毫秒级变形的快速加载试验机，这是传统土木工程工作者极不熟悉的领域。他凭借刻苦努力的精神，在查阅大量外文资料的基础上，成功设计制造了用高压氮气作动力的5吨、30吨直至150吨，能使结构材料和结构构件产生毫米级变形的快速加载压力试验机。这期间他除了设计和绘制机械加工图之外，还要跑工厂，组织安排加工和装配。陈肇元亲自骑三轮车频繁地来回运送设备零件和氮气瓶——这也是那个年代出成果的知识分子状态和形象。在他的主持下，利用这套设备先后对钢材、混凝土等多种结构材料及拉、压、弯、剪等结构构件，直至地下防护工程的防护门与防爆墙等部件进行了试验，取得了大量的实验数据，这在国内尚属首创。这些成果多数为与防护工程设计规范的相关图书等所采用。在这些工作的基础上，他又扩展研究了核爆下高层建筑倒塌以及房屋破坏的碎片分布等多个项目，先后编写了131份研究报告。

陈肇元对防护工程的研究一直持续到20世纪80年代。此时我国已经实行改革开放，迎来了大规模的城市建设高潮，其中多层、高层楼房一般都附建有人防功能的地下工程。他曾兼任当时国内两个最大的民防工程的顾问组副组长，采用他研究的结构体系，取得了良好的经济效益。他堪称我国军外从事防护工程研究的代表人物。

二、涉猎面广 有始有终

陈肇元的科研方向一直紧跟时代需求，在科研领域涉猎广泛。

20世纪80年代，我国开始了大规模的建设高潮。新中国成立后，国内长期使用的低标号混凝土已不能适应发展需求，于是他开始研究新的课题，即具有高工作度和高耐久性的高强、高性能混凝土，并以高耐久性为重点。这成为他继防护工程之后取得成果极其丰富的研究项目之一。他先后执笔编写并出版了专著《高强混凝土及其应用》及中国工程建设标准化协会的标准《高强混凝土结构设计与施工指南》《高强混凝土结构技术规程》，并进而编写国标《混凝土结构耐久性设计规范》。与此同时，他还参与并推动了铁路、公路等其他土建部门的混凝土结构耐久性设计标准的编制。

20 世纪 90 年代前后，国内各大、中城市兴起了修建高层建筑和地下铁道的热潮，这些建筑物都带有地下室或本身就是地下工程，需要进行基坑开挖。陈肇元是国内早期关注基坑开挖采用土钉支护的学者之一，这种支护方法既经济又简单。他执笔编写了中国工程建设标准化协会的标准《基坑土钉支护设计施工规程》，又进一步编写了专著《土钉支护设计与施工指南》。他身体力行，登台授课，对推广高强混凝土结构和土钉支护发挥了重要作用。他还涉足地下工程设计与施工、工程救灾和公共安全等领域，仅围绕广州地铁的设计和施工就写过 50 多万字的报告。

随着那个年代民用燃气的广泛使用，室内燃气爆炸常有发生，陈肇元与其指导的研究生，通过对爆炸现场的考察和调研，认识到室内爆炸导致外墙的门窗玻璃破碎能够起到很好的泄爆作用。通过试验，他得到了常用门窗玻璃受爆炸压力波的强度数据，计算出玻璃碎片的飞散距离和分布，与现场调研结果非常吻合。

三、任则必勤　功成身退

陈肇元最不愿干的是行政职务，他性格宽厚，为人坦诚，颇得众望，1984 年在群众推荐和领导任命下，陈肇元担任了土木工程系的系主任，但声明只干一届（四年）。他不负众望，白天大部分时间花在行政工作上，将他喜好的科研工作放在晚上去做。

在他任职期间，土木工程系增设了一个建筑工程管理专业，由于工程界需求，该专业后来提升为建筑工程管理系。与此同时，在土木工程系还增设了城市交通、计算机应用教研组。在国内土木工程系中，他最早安排用英语讲授结构力学与钢筋混凝土两门主课，同时增设了几门拓宽专业知识的选修课，并选送年轻教师和优秀毕业生出国深造。当时土木工程系教师人数偏多，他通过系党委调整输送了十名副教授到校外发挥更大作用。校党委书记方惠坚曾多次说："陈肇元要是再干一届就好了。"这是一个很高的评价。

四、以学会友　交往深广

陈肇元还非常喜欢参与社会工作。他喜欢这个工作的原因一是不涉及行政事务；二是有利于他在学术领域发现前沿课题，并方便宣传推广其研究成果。他于1984年起任中国土木工程学会常务理事达18年之久，有四年任学会副理事长。他也曾长期担任中国土木工程学会防护工程学会的副理事长，还曾任《土木工程学报》主编和《防护工程》副主编。自1997年当选为中国工程院院士之后，他在2000～2002年任中国工程院土木、水利与建筑工程学部常务副主任，2002年之后又连续担任两届的学部主任。

在学部工作期间，他组织过不少重大研究项目，向政府有关部门提出并书写过不少建议，如针对国家大剧院、北京奥运会主场馆等重点工程的设计方案；召开过不少大小会议，还组织出版了《我国大型建筑工程设计发展方向》和《论大型公共建筑工程建设》两本文集；他作为公安部消防局的顾问专家，也为各地消防部门的基层技术干部讲课并专门编写了有关讲义。可贵的是，陈肇元的著作和论文都是自己动笔书写的。

五、老骥伏枥　壮心不已

陈肇元院士70岁后仍然勤于业务，笔耕不辍，对中国土木工程的发展不断地提出一些独到的看法和见解。他虽然年纪大了，但认识更深刻了。尤其对于工程结构的安全性、耐久性和使用寿命问题，他给予了高度的关注。他曾尖锐地指出，我国地震引起的建筑物倒塌严重、人员死亡率高，其主要原因是结构设计规范的安全储备不足。他曾呼吁："历史上1679年正值康熙盛世，在北京地区发生过近8级的大震，城垣塌毁无数，宫殿民居十倒八九，这次大震已过去了300多年，谁也无法证明地震能量的积累不可能再次爆发，对待地震要像对待疾病一样应该重在预防！”

他也公平地说过，新中国成立初期我国底子薄，所有民用建筑又是国家出钱建造后统一分配的，所有城镇房屋都是国有，所以建筑结构设计规范的低标准可以理解。可是现在不同了，城镇民房多已成为商品私有，老百姓买房总是希望房子越结实、使用寿命越长越好，而且房屋结构的造价在整个建筑物造价中所占的比例越来越小，多放点钢筋增加的费用极其有限。更重要的是出于社会可持续发展的需要，延长结构的使用寿命是节约资源、保护环境的有效手段之一。他在不同场合多次指出，结构承载能力的安全性主要取决于荷载设计规范确定的标准值和结构设计规范所赋予的安全裕度。我国从20世纪50年代至今，结构设计规范规定的每平方米楼板在考虑了安全裕度之后所能承受荷载的能力，对商场、剧院等公共场所只有欧美等国家要求的60%，对办公室、宿舍等只有国外的45%（仅在2000年以后提高到62%），尤其是公用楼梯、通道及阳台等有可能需要逃生、救援等场所的楼板，与国外相差达一倍以上。他想的仍然是国家发展的需求、民族的兴旺和人民的富裕。

清华大学土木水利学院学术委员会

2015年8月

目　录

第一章

动荡童年

1931年，随着“九一八”事变的枪声响起，日本军国主义者大举发动侵华战争。这一年的10月1日，我出生在宁波城里一户普通的银行职员家庭里。

尽管早在18世纪宁波就已成为列强侵略下的开放城市，但我在就近的忠介小学上学的第一天，还是首先要在校门内挂着的孔子像前跪拜，恳求“学有上进”。当时的时局影响着每个中国人的生活和命运，我的童年和少年时期就是在白天遭受日机轰炸的惊恐和宁波沦陷后的流连失所中度过的。记得小时候，只要日本轰炸机来袭前的防空警报一响起，我们全家老少就会钻到家中厅堂的四张八仙桌底下躲避，桌子上还要铺上厚厚的几层棉被。当时也不知道，我们住的两层楼是旧式瓦顶木结构，要是真的坍塌下来，八仙桌是根本扛不住的。

1941年，日军占领宁波，我们全家人和姑父蔡养吾全家一起逃难躲避到宁波乡下的潘火桥，住在姑父在乡下空置的老房子里。我也因此转学到那里的敦本小学读四年级。一年多以后，我们才搬回沦陷区的宁波家中，在四眼碶小学继续上学。现在这些小学都已荡然无存了。

我家住在宁波的江东区，到城中心需要经过横跨甬江的灵桥。那时的灵桥上日夜都有荷枪实弹的日军站岗，每个中国人过桥都要向站岗的日兵行鞠躬礼，日兵如认为有可疑之处得被搜身。我每次去住在城中心的外婆家，都必须经过灵桥和开明街，日军驻宁波的宪兵司令部正好设在那条街上，就会看到日本宪兵牵着凶悍的狼狗在街上跑，扰得人人心惊肉跳。

在沦陷区的宁波，正规的中学多已停办或外迁。我和表哥蔡体伋只能在由当地银行创办的一所名叫“达材学社”的学校接受初中教育。学社的校址设在江厦街的一个会馆内。语文课教材是《孟子》和《古文观止》，第一课讲的是“孟子见梁惠王”。每课语文老师都要求我们回家后反复朗诵，直到闭着眼睛能够背出来为止。其他的课程还有算术、珠算和外语。外语课除学习英语外，在日本占领区内还必须学习日语，但学生对日语都非常抵触，不肯好好学。到现在我连日语中的字母“阿衣乌唉喔（音）”都忘得不认识了，想起来还有点儿可惜。因为日语和日本侵略军终究是两回事。

对我成长帮助最大的是我的母亲。她很重视孩子们的教育，总是教导我们做人要诚实，对人要诚恳，凡事不要与人争。小孩子往往免不了与邻居小朋友争吵，母亲听见了就会走过来，总说自己的孩子不对来平息事态。我们做错了事，母亲也从来不会打骂我们。父亲则相反，他酷爱喝黄酒，还有洁癖，不顺心时就会打骂小孩。父亲是独养子，从小受祖父母宠爱，文化程度也稍低。母亲还当过两年的小学教师。父亲在上海的一家私人银行中做职员，每年回家住的日子较少。

对我的成长影响较大的还有我的姑妈。我少年时几乎有一半时间是住在姑妈的家里，她待我如同己出，与她自己的孩子们一样。

陈肇元的母亲

陈肇元的父亲和姑妈

我的祖母姓秦，嫁到陈家后，就没有自己的名字了，变成了陈秦氏。她年幼时缠过小脚，年老后一走路就痛。祖母对人非常和气，但封建思想浓厚。比如，她认为女孩的衣服洗过后放在柜子里不许叠在男孩衣服的上面，认为这样会影响男孩将来的发展。家里的礼节要求很多，如吃饭时坐下后，要是长辈不动筷子，孩子们就不许先动手，鱼、肉等好菜只能由长辈夹给小孩吃。每逢上两代曾祖父母、高祖父母的生日和忌日，家里到中午要做羹饭，春节时要在客厅里挂出他们的画像。祖母的娘家就在我家门口小河对面不远处，家中老式的两层木结构正房有五开间，很是阔气，这个房子在 20 世纪 70 年代被拆除了，原地盖成现在的甬江饭店。祖母在我上初中时不幸离世。

我家住在早先的彩虹路 17 号的弄堂底端，弄堂出口有条小河，河的北端是拥有近千年历史的张斌桥，南端接当时的百丈路终端卖席桥。20 世纪 70 年代，那条小河已被填掉变成大马路，张斌桥作为文物也已被拆迁到远郊，百丈路则不断加长，不再是只有短短的

陈肇元在宁波七塔寺前留影（摄于 20 世纪 90 年代）

百丈了。我家的厨房与百丈路上的七塔寺厨房只隔着一道墙，每当七塔寺开饭时敲木鱼，我们在家里也能隐约听见。七塔寺很大，在宁波很有名气，香火不断。

家里唯有过年过节时才会非常热闹。每逢地藏王菩萨生日，一到晚上，大家就在家中天井石板地的接缝里“插地香”，满地星火，很是好看。每逢端午节，家人就会包粽子、插艾叶，身上挂着盛有中药雄黄的荷包，并出门到河边观看划龙舟。到了阴历七月，街上就有抬着庙中菩萨的大游行。最热闹的自然是春节时分，一过阴历腊月二十，家家就开始忙着过年，这时要将家中厨房大灶神龛上的灶君菩萨像请下来烧掉，请他上天报平安。接着每家都做年糕，亲戚们一起过来互相帮忙，吃年夜饭。孩子们则盼着春节到来领压岁钱，不过，我们最后都会将压岁钱交给母亲存起来，自己不留零花钱。

让我难以忘怀的还有从小就居住的那所老房子。这所旧式的两层木结构楼房包括格式完全一致的前后两进，我家住的是后进。围着木结构的是砖墙，起着与外界隔开和防火的双重作用，此外，在正房与厨房间和柴火间之间也有一道防火墙。厨房很大，有两个安有大锅的大灶和一个炒菜的小灶，烧火用的是木柴。在正房里，每进都有一个天井，夏天全家人都在天井中乘凉，大人在躺椅上休息，孩子就躺在八仙桌上，仰着头数天上的星星。等到睡觉醒来，大人已经将我们抱到床上了。这些情景，恐怕是现在的孩子们很难感受到的了。我们兄弟姐妹八个，都是在天井旁的一间小厢房内由接生婆接生来到这个世界上的。

我年幼时，家中没有自来水和电，虽然住在宁波城中心区的人家多已有电供应，但那是单向电流，灯光一明一暗，闪得让人很不好受。一到晚上，家中照明最早用的是灯芯草，就是将雪白的灯芯草浸在盛有菜籽油的小盏中，露出灯草一端，一点火就会发出微弱的火光，后来改用带有灯罩的煤油灯，到我初中毕业时家中才装上电灯。当时喝的都是下雨时从屋顶流下来的雨水，家中有十个直径一米多的水缸专门用来储存雨水。至于自来水，已是新中国成立后的事了。

我的祖父原来在宁波名叫慧灯寺的乡下，后来到城里钱庄做学徒，升任职员后一直在钱庄里工作。他十分喜爱我们这些晚辈。我家的祠堂就在慧灯寺，祖先是南宋时金兵攻打宋王朝时从河南逃难到宁波的。过去的祠堂和家谱等记载着一个家族的历史变迁信息，可惜现在都已没有了。

我们在宁波的家是祖父从王姓房东处从房子一建成就租来的，至今可能已有140多年的历史了，后窗外还有一个小花园。宁波市内过去有许多值得保留的旧式老房子，在20世纪80年代以后被陆续拆除建高楼了，像我们家这种原来非常普通的不起眼的旧房，现在竟成了稀有品。两年前在前进的外墙正面上贴了“陈家墙门”的标牌，竟成了宁波江东区的历史文物。不过从房子盖成起，我家住的只是后进，人员的进出是从前进一侧另设的一扇大门和旁门。最近获知，这所房子现已修缮一新并移交给七塔寺管理使用了。

陈肇元少年时的住房现已修缮一新，归属七塔寺管理

第二章

中学时代

1945 年 8 月，抗日战争胜利，达才学社停办，我从达才学社转到了战后复校的宁波私立效实中学，从初中三年级一直读到高中毕业。在这所创办于 1913 年并以培养全面、学风严谨著称的浙江省私立中学内，我受到了良好的教育和严格的训练。效实中学在中国教育史上也有过比较辉煌的纪录。从该校毕业或就读过该校的后当选为中国科学院或中国工程院院士的有 14 人，其中有闻名国内外的著名生物学家童第周、地质学家翁文波、首创断肢体再植的医学家陈中伟，等等。

效实中学建校至今已有 105 年，它师资力量强，在当地多所中学里名气最大，我和表哥蔡体伋就一起转学到效实中学。我上效实中学还有另一个原因，就是家中人口众多，受战争影响，家庭经济状况日显拮据，以至于到了变卖值钱家具的地步。作为长子，家里和亲戚都盼望我学成后有一份较好的工作能帮助养家。从中学开始，我的学费全靠姑父资助，他年轻时也在效实中学读过书，他的长兄还是效实中学成立之初的第一届学生，所以希望我的表兄蔡体伋和我在战后一起上效实中学并住读。那时住校的同学大多数是家在乡下和周边城镇，我们年级的学生总共 40 人左右，住校的接近半数。住读对我们这些十来岁的青少年来说是非常好的一种锻炼，可以学会自己照顾起居和生活，能较早学会与周围人友好相处。班上住读的 12 个男生住在一个房间，分为上下铺，学校安排董承运教官与男生住在同一宿舍，晚上熄灯后，同学们说说笑笑不肯入睡，这时董教官就会过来制止，大家给他起的绰号叫“董教鞭”；女生宿舍则由冯姓的老太太管理，学生在背后送给她的绰号叫“小脚金字塔”。不过，他们作为管理人员，对学生还是很友好的。班上每个同学也都互相取绰号取笑彼此，过得特别开心。

那时的效实中学已有44年办学历史，有不少名扬江浙的老师，如蔡曾祜先生、李贞旋（庆坤）先生、叶建之先生等，他们强调学生要课外自学和全面发展，并特别重视数理化和英语，这可能与效实中学的办学宗旨“以施实学为主旨，作鼎革之先声”有关。要学生看的数理化参考书多是国内影印的美国大学一年级英文教材。

蔡曾祜先生在学生中的威信最高，对我们这些尚未涉足社会的学生来说，他严谨的工作态度对我们的影响十分深刻。他给同学们的外表印象似乎是不苟言笑，但只要有问题问他，他就会不厌其烦，十分和善地含笑解答。蔡先生教我们代数，要求学生上课时做笔记，他写在黑板上的字和公式如同印刷体一般，指定的参考书也是英文教材。平时他也住在学校里，有较多时间与学生接触。叶建之先生教我们三角几何，有一次他在讲台上做示范解题，一步一步地丝丝入扣，台下学生听得不禁鼓起掌来。“蔡代数”“叶几何”是那时效实中学的学生对蔡曾祜、叶建之两位老师的誉称，他们的教学方法不知道后来是否得到了很好的传承。

李贞旋先生讲课极其流利，潇洒的风度也堪称一流。他个子很高，教的是历史课和地理课，学生给他取的外号叫“long man”。记得有一次他给全校学生作演讲，报告内容是俄国对中国北方领土的掠夺，讲得慷慨激昂，这样的爱国主义教育，实在令人难忘。约在十年前，李先生到北京时还来过清华大学，到过我家，与效实中学毕业的清华大学师生座谈，风度仍不减当年，遗憾的是这次见面竟成永别。

我上学时的年长老师中还有纪挺芳、方余甫和冯伯禾先生。纪先生教我们英语，他毕业于圣约翰大学，又在效实中学教了几十年英语，专业造诣深，对学生总是笑眯眯的，说英语带着非常浓重的宁波人特有的腔调，上课时大家对着他念课文，很有意思。方先生教我们语文，学生给他取的外号叫“方头”，他爱喝酒，很风趣。冯先生没有教过我们，是那时的学校事务主任，我在上海读大一时曾与他见过几次面。中学老师的形象一直留在我们心中。

教过我们主课的年轻老师有张启宙先生和张选祜先生，分别教物理和化学。他们指定的参考书都是大学理工科学生读的教科书，分别是 Siess 编写的物理和 Deming 编写的化学（学生戏称为“断命化学”）。张启宙先生据说新中国成立后去浙江大学任教了。张选祜先生在我参加工作后还与我常有联系，他后来到化工部工作，退休后回宁波，几年前去世了。学校安排的课程中还有劳作、美术、音乐、体操、军训等。那时的劳作课是动手做工艺品，我记得做过陶器小水盂之类。效实中学的毕业生当时不难考上大学，我毕业后到上海参加十个高校的招生都被录取，不像现在的中学教学几乎都以能考上高校作为培养学生的终极目标，将全面发展摆在次要位置，对培养学生的独立生活能力和工作能力重视不够。

高中期间，我们班上的学生之间流传读进步书刊，如美国记者埃德加·斯诺撰写的《西行漫记》，介绍了他在西北革命根据地进行实地采访的所见所闻。我的同班同学纪才杰是纪挺芳先生的儿子，才读完高一就离校到四明山参加游击队，对大家震动很大。新中国成立后他在公安系统工作，退休后住在奉化。几年前我到奉化约见纪才杰，他在大街口等了很久，以为我可能找不到他的家在哪里，近 60 年没见，我们相见甚欢。同学之间的感情大概最深的应该算中学年代了。

我记得当时思想比较激进的班上同学还有洪积铣、徐起蛰等。洪积铣读完高二就参加了浙江四明山的中国共产党三五支队，据说新中国成立后回到宁波，在政府的教育管理部门工作。中学毕业后，同班有多名同学报名参加当时的军政大学，徐起蛰是其中之一，参军后就与我失去了联系。约在 1948 年，我们高中班上的几个同学一起出过油印期刊和墙报，篇名叫《北斗河》（效实中学的老校园就在宁波西门的北斗河边）。20 世纪 60年代“文化大革命”时，南京有个单位来人，由驻在清华大学的工人宣传队员陪同，问我《北斗河》

宣传些什么内容。我这才知道徐起蛰后来在南京工作，可是对方不肯告诉我他的通信地址和工作单位。回想在效实中学读书时他曾对我说过，他有一个远房亲戚是国民党高官，所以可能被怀疑是否通过《北斗河》进行反动宣传。其实当时我写的一些内容都是比较进步的，我也是《北斗河》的编辑成员。

新中国成立前，宁波的中学对学生的思想控制甚严。学校设有训导主任一职，每周星期一的第一堂课是全校集合，一起朗诵国父孙中山遗嘱，然后是训话。此外还设有军训课程，学校规定，高中男生每星期内必须有几天需要穿统一的制服，式样与国民党士兵一模一样，只是颜色是黑的，不是草绿色，而且要打绑腿。学校认为住读的学生爱起哄闹事，反对国民党政府，到高三的下学期，干脆不许马勉斋、张令勋等几个同学继续住校。

那时每个年级的班长是从学生中推选出来的，住读生的伙食也由学生自己管理，伙食是包给一个叫阿金的老板供应，八人一桌，我坐的那桌推选表哥当桌长，大家嫌伙食量少、质量差，每顿都吃得精光后，经常叫来阿金老板，要他加菜，他总是当面赔礼，过几天又故伎重演。家在城中的住读生星期天回家，往往会从家中带回一瓶猪油和食盐，用猪油和盐拌饭，味道好极了，那些东西如请现在的学生受用，恐怕他们要避之不及的。我们班的班长是包于焕，也是大家选的。包于焕很能干，还同时管理了很长一段时间的食堂伙食，最后一学期去了台湾，新中国成立之初又回到北京上大学，这就给他后来的工作带来许多麻烦。他在北京外语学院（现为北京外国语大学）学俄文，毕业后在地质学院（现为中国地质大学）教书，雄心勃勃地要将《红楼梦》翻译成俄文，可是“反右”运动时被打成“右派”，发配到中学去教书，改革开放后去了香港定居，到现在我们仍有联系。

高中时代值得一提的还有效实中学的学费。由于国内物价飞涨，每学期的学费不再是国民党的法币或金圆券而变成稻谷，开学时一进校门口，就可见堆满盛有稻谷的竹箩筐，挨个儿排着队等待上秤和检验稻谷质量，这在中国近代教育史上可能是空前绝后的了。古代春秋时期的孔子教学生，收取的学费叫“束脩”，据说束脩就是腊肉，倒不是稻谷。

陈肇元中学毕业照

第一排和第三、第四排为同年级同学，第二排就座的是老师，第二排左四、五、六、七、八、九、十、十一、十二依次为李贞旋、蔡曾祜、叶建之、冯度（校长）、纪挺芳、方余甫、冯伯禾、张选祜、张启宙，第三排左四是陈肇元，第四排左三是毛用泽（后当选为中国工程院院士）

中学同班同学参加工作后，虽然天各一方，但一旦有机会出差，如知道当地有当年的同班同学在，我总要设法去探望。我们班约有1/3的同学后来都定居北京，差不多每年都聚会，这两年都因年逾八旬，走动不便，只能电话问候了。

在京的效实中学同班同学于清华大学聚会

效实中学对我一生影响最大的是使我养成了自学的习惯和求实的作风，对于我这样一辈子从事教学和科研工作的人来说，没有比这更重要的了。与我同时毕业的全班38名效实中学高中同学，想当年个个意气风发，步入社会后，有的是生逢其时，做出了力所能及的贡献；也有的受到了不公正的待遇，遭遇残酷的打击，甚至过早夭折。但是大家都有过尽力为社会效力的爱国理想。

现行的教育制度和管理方法需要做彻底的变革。应该把学校教育的重点放在中学，至于高校，要让学生有更多的自主权，过多的约束不利于他们创造力的培养和发挥。

新中国成立后，父亲失业，家中没有经济能力能够供我的四个妹妹和三个弟弟上大学和高中。比我小一岁的大妹从宁波的甬江女中毕业后，与邻居的一个女同学，在当时新中国成立不久的动荡社会中，竟能远走东北先当了一年工人，挣到一点钱后次年再考大学，最终考取了唐山铁道学院，毕业后也当了大学老师。我的大弟从师范高中毕业后，由于成绩优秀被保送到浙江师范大学，毕业后被分配到宁波二中当中学外语教师，成为宁波著名的中学老师。他在我们兄弟中最聪明，也很刻苦，会讲英语、俄语、西班牙语。当电视机尚未成为商品普及时，他能自己买来小型显像管和电子元件组装出小电视机，还给我安装了一台寄到北京。我的二弟才读完初中就到浙江临海当林场工人，多次获“劳动模范”称号，后被保送到临海林校进修，毕业后调入临海农林局，并靠自学成才，成为林业专家，后来升任为临海农林局局长，成为浙江省政协委员，是我们家唯一有过官衔的。二妹初中毕业以后跟着一个远房亲戚到陕西宝鸡当护士。三妹大学毕业后也当了大学老师。我的母亲只是教导子女应该怎样做人，极少过问我们在校的学习成绩。然而，现在的家长对独生子女管得过多，孩子考上大学后，甚至还要父母陪着去报到，这样反而会影响他们毕业后能够较快适应并融入社会生活。当然，出现这些现象的根源可能还在于现在的教育制度。

新中国成立以后，我和三个弟弟与四个妹妹共八人，再没有机会一起回到宁波老家团聚，直到1990年，我们兄弟四人才一起在宁波团聚看望母亲。她知道我们工作都很努力，很是欣慰。但遗憾的是，我们兄弟姐妹共八人，天各一方，至今没有机会能够聚在一起。

第三章

求学清华

1949 年，我高中毕业时正值宁波解放。那时的宁波没有高校，想上大学的大部分同学都需要到国内高校各自设在上海的招生考点赴考。这样，我告别了宁波老家，辗转到上海、北京，最后成了北方人；但直到现在，改不了的仍是那石骨铁硬的宁波口音；步入老年后，忘不掉的也是童年时受日军轰炸和占领的恐惧与仇恨，以及抗战后在效实中学上学的四年住校生活和中学老师们的教诲。

那时不像现在有全国统考，江浙两省的考生都就近选择到上海考场参加考试。当时的中国大地满目疮痍，铁路、海路中断，我只能乘坐破旧的长途汽车，遇到被炸得坑坑洼洼的地段时，就靠自己随身携带着的一根扁担，一头挑个箱子，另一头挑个包袱，下车步行，遇到国民党的飞机轰炸还得设法躲避，晚上就在路边坐下熬过一个晚上，到第二天早上好不容易到了上海的姑父家中。姑父在 1947 年就迁家到上海，住在陕西南路的一座四层洋房中。那时考上大学很容易，在上海，我考取了清华大学、上海交通大学等十所大学，最后听取资助我上大学的姑父建议，选择了近代著名实业家荣家创办的私立中国纺织工学院（简称中纺），因为按以往经验，这个学校的学生毕业后到纺织厂工作有保证，成绩好的能被保送到英国深造，而我是以最高分被录取的。

在中纺，为大学一年级学生教课的老师几乎都聘请的是上海交通大学、圣约翰大学等名校的著名教授兼职，对学生要求比较严格。学校在上海市中心，我在中纺上学是走读，中午吃碗阳春面饱腹，每星期有三个傍晚作为家庭教师辅导一个富裕家庭的小女孩功课赚点钱。

但是，我很快觉察到新中国成立后的纺织市场一片萧条，也因为当时姑父有笔从国外进货的生意，运货的轮船靠近上海港时，受到国民党军舰封锁，不能进港卸货，赔了一大笔钱，1951 年他就离开上海到台湾经商去了。我自己也觉得不能再依靠亲戚的经济资助，想到国内总要搞工程建设，所以报考了清华大学在上海招收土木工程系的转学生。那时的国立大学不需要交学费和住宿费用，学生只需自己解决伙食费。

中纺的同班同学共 32 人，其中有邹世昌，他在中纺读完一年级后也转学到唐山交通大学改读材料专业，工作后很有成就，后来当选为中国科学院院士。新中国成立初期上大学的理工科学生，以后当选为院士的人比较多。

就这样，我成为清华大学招进来的末代转学生。自此之后，国内大学之间再没有转学的了。至今我仍认为，高校之间应该允许学生通过考试或考核转系或者转学。刚上大学的学生，往往不甚明确自己的兴趣和志向究竟在哪里。到清华大学那年，土木工程系招进了五个转学生，同时又有六个土木工程系学生转到校内的机械系等系。清华大学建筑系的许多著名老教授，当初考进清华大学当学生时，读的是航空、机械等系，甚至是文科院系，一年后才转到建筑系，毕业工作后有许多成为建筑名家和权威专家。当时的清华大学的名气在南方甚至比上海交通大学还大，大部分老师和学生也都是南方人。那时的大学都各自单独招生，并没有全国统考。报考的学生被录取后也不发给录取通知书，录取名单只在报上公布，看到被录取后，就可以去报到了。

新中国成立之初的北京，在南方人看来实在遥远。从上海坐火车到北京需要两天两夜，过长江要下火车坐轮渡。到了北京站，就有清华大学的高年级同学在车站门口热情接待。大家拥上卡车站着，一路颠簸到了郊外的清华园。车子进校园后，先到体育馆前的大操场绕场一圈，接受老同学欢迎，然后才下车进明斋的男生宿舍。新报到的土木工程系二年级转学生中，我和其他三个转学的同学同住在明斋的 270 号房间。

由于过惯了拥挤的南方江浙城市生活，我一到清华园就犹如到了美不胜收的世外桃源，清华的西校门外是一望无际的散落着的低矮的农舍，农舍的黄色夯土墙上涂有用白灰刷成的圆圈，据说是晚上有狼从周边荒废的圆明园出来时，见了白灰圆圈就会害怕，不敢靠近房子伤人。但校园内却又是另一番景象，包括西方学院式的系馆和大礼堂、体育馆、古色古香的工字厅皇家建筑与荷花池。偌大的美丽校园，在上海的高校中是见不到的。那时的大礼堂舞台正上方墙面嵌有校训“自强不息、厚德载物”的图徽，面对舞台的礼堂二楼墙面挂有“寿与国同”的横匾。没过多久，图徽中的八字校训没有了，改成了一个红色的五角星，那块在新中国成立后早该取消的横匾也就被撤掉了。其实清华大学建校于1911年，与辛亥革命同年，但“中华民国”则在次年元旦成立，已是1912年。

我在清华大学上学和工作过程中，从年长老师与职工身上，多能领会到这种奋发图强的自强意志和宽容待人接物的厚德精神。现在有人认为，清华大学校训中尚有“独立精神、自由思想”八个字，引自清华国学院陈寅恪先生为纪念国学大师王国维自沉昆明湖辞世的石碑上所铭刻的话，可是从无凭证为清华的校训，虽然自由思想和独立精神也应该是大学培养人才的要旨所在。

从解放刚满一年的上海到了北京，就像到了另一个天地。我首先感到的是这里的政治气氛特别浓厚，又正好赶上抗美援朝、参军参干和“肃反”“五反”等政治运动，学生们的热情非常高，一到星期天就上大街、下煤矿、搞宣传活动、接触广大群众。学生们个个都是革命的积极参与者，有的教师则被怀疑成为“肃反”运动的对象。学生参军是自己报名的，班上有6个同学获得批准，大家敲锣打鼓欢送；参干则是党团组织委派的，没有人不同意，班上有4个同学就这样到地方上当政治干部去了。到了大二那年的寒假，全班同学到鞍钢现场进行测量实习。当时鞍钢的生产设备多被苏联拆下当作战利品撤走了，看上去是一片废墟。大家顶着刺骨寒风，爬到二三十米高的厂房上，测绘厂房结构的构件尺寸，以便为战后修复及重新生产提供资料。在随后的暑假里，同学们在老师带领下去了长春，在日本细菌工厂原址的大片土地上进行地形测量，为建设长春第一汽车制造厂提供地形图。频繁的政治运动在一定程度上影响了同学们专心读书，但使他们接触了社会，培养了吃苦耐劳和爱国主义精神，建立了服从组织分配的理念，思想收获很大。在学校里，我是靠刻蜡版、印讲义的收入解决伙食费用的。

土木工程系的学生按志愿被分成结构、水利、卫生、工程四个专业组，我选了结构组。土木工程中的所谓“结构”，就是房屋、桥梁等土木工程中以梁、板、墙、柱等各种承重构件相互连接起来的组合体，就如人的骨架，起着支撑整个工程并承受各种重量和力的作用。结构一旦倒了，整个房屋也就垮了。

清华大学的老师学识渊博、名气很大，但口才并非个个都好，有的讲课并不清楚。我在清华大学念书，看到校、系的图书馆藏书非常丰富，所以有的课程只是考前去听听，利用不去上课的时间到校、系图书馆自学。自学是我在中学就养成的习惯。大学生更要靠自觉，学校要给他们更多的自由选择，不能靠上课点名要学生上课。

1952 年，国家开始实施第一个五年计划，急需专业人才，政府决定全国高校的大三学生都要提前一年毕业参加工作，本来要学两年的专业课，最后只得匆匆忙忙压缩在一年内补齐学完专业课程。

毕业时大家热情高涨，抢着要到最艰苦的地方去建设祖国。全班约 50 人，但最后分配留校工作的竟多达 14 人，其中绝大多数到从土木工程系分出去的新成立的水利系去了，留在土木工程系的只有我和另一个同学。毕业分配时谁也想不到，班上这些满怀壮志、一心报国的热血青年，有不少竟会在五年后的“反右”运动和 60 年代的“文化大革命”中惨遭劫难。

新中国成立后的清华大学行政领导中没有校长，我的毕业证书上署名的校领导是校务委员会主任委员叶企孙、副主任委员周培源，还有当时的清华大学工学院院长施嘉炀。叶企孙是我国物理学界的一代宗师，是物理学家、教育家，毕业于清华大学，1923 年获哈佛大学哲学博士学位。1966 年在他 70 岁时，因“文化大革命”冤案受牵连被怀疑是特务，入狱两次，1977 年贫困悲惨而离世。

陈肇元院士的毕业证书

第四章 初为人师

我到土木工程系工作报到后的第一件事就是突击学俄语。从高小到大学，我学的外语都是英语。上了大学后，许多基础课程用的更是翻印的美国教材。新中国成立前夕，中央已确定了向苏联“一边倒”的方针，可是一时还顾不上高校的教育改革，高校教育依旧按照美国方式运行。当我参加工作时，正好赶上全国高校大调整，清华大学被定位为以工科为主的学校，一大批誉满国内外的文、史、哲老师都被调到北京大学去了。根据中苏协定，大批苏联高校教师作为专家进驻中国高校，开始以苏联的高校模式办学。在“向苏联老大哥学习”的口号下，大学要以他们的教科书进行教学。上到老教授，下至我们这些小助教，都得首先学俄语。那时，是土木工程系的卢谦老师向校领导提出了“速成俄语”的建议，他认为只需通过一个月的脱产速成，就能够使老师们查着字典阅读专业俄语书。校领导将信将疑，首先组织了有副校长刘仙洲教授参加的为30多位教师办的速成班，卢老师自编“速成俄语”讲义，自刻蜡版，速成班进行了不到一个月的时间，学生竟能凭着字典阅读俄文专业书。这件事报送到当时的高等教育部，速成俄语的经验就在全国范围推广，不仅是高校，还有一些专业部门的技术人员也参加学习。卢先生的这个功绩，应该在中国的高等教育史上留下了光辉的一笔。

留校当助教的我，被安排在结构力学和钢木结构教研组，工作相当辛苦。那时的学校对年轻教师上台讲课要求很严格，首先要在教研组的全体会议上试讲，请老教师指点、帮助、提高，过关后才能去讲课。让学生做习题，要自己先仔细做一遍，看答案是否有漏洞。同学们上晚自习时，老师得经常去学生宿舍为他们答疑。要初上讲坛的年轻教师先在教研组会议上试讲，可惜这一很好的做法后

陈肇元初为人师备课

来被取消了。

我除了讲授“钢木结构”课程外，还要担任龙驭球老师讲授“结构力学”课程的学生辅导工作，并参加竹结构研究。工作三年后，因表现不错，我被升任为讲师。

1952年年底，高等教育部任命蒋南翔为清华大学校长。他到校后，提出学生干部和年轻教师要“双肩挑”。所谓“双肩挑”，就是一头挑专业工作，另一头挑社会工作。蒋南翔的“双肩挑”办学思想确实有眼光，校内那些“双肩挑”学生干部，后来有不少成为国家和地方的高级领导。我的社会工作职务是土木工程系教师青年团的支部书记。不久，土木工程系的施工教研组来了一位苏联的施工专家萨多维奇，他同时也是校长蒋南翔的顾问。国内各地高校都派了年轻教师来学习、进修施工课程，所以土木工程系的教师团支部变得非常庞大，支部的工作也很繁重，使我得了严重的神经衰弱症，往往整晚睡不着，但时间长了，竟也挺过来了。除了教学和社会工作外，我还参与了教研组当时唯一的研究项目——竹材利用。后来有人说我工作效率高，那是我毕业后的专业工作、社会工作和科研工作实在繁忙，逼着我逐渐养成了思考如何能够提高工作效率的工作习惯。比如，在每晚睡前，我总要回顾总结一天的工作，规划好第二天要做的事情，使得工作能够做得顺利一些。

20世纪50年代初实行向苏联“一边倒”。当时的哈尔滨工业大学集中了一大批苏联专家，几乎全国各地的高校都派教师去那里向苏联专家学习。1955年，清华大学派我到哈尔滨工业大学进修。到哈尔滨的那个晚上，由我的清华大学同班同学——在哈尔滨工业大学当老师的高伯扬到火车站来接，两人雇了一辆马车，夜晚里一路

陈肇元于20世纪90年代重回哈尔滨工业大学，那时已改名为哈尔滨建工学院，但现在又复名，右为哈尔滨工业大学高伯扬教授

叮当响着到了哈尔滨南岗的教师集体宿舍。如今60多年过去了，这马车的叮当声有时在夜里还犹在耳边。

我在哈尔滨工业大学的工程结构教研组工作和学习了两年，教研组的苏联专家卡岗教授来自莫斯科土建学院，他是以色列人后裔，是苏联最有名的木结构专家，到了哈尔滨工业大学后当起了李昌校长的顾问。在苏联的学位制度中，当教授的必须有博士学位，来中国的专家基本上都是具有副博士学位的副教授。例如，到清华大学当蒋南翔校长顾问的土木工程施工专家萨多维奇，就是一个有副博士头衔的副教授，他来我国前在苏联的高校中任校长一职，所以行政经验很丰富。

卡岗得知我在清华大学已作过两年竹结构研究，就派我与教研组的另三位哈尔滨工业大学老师一起当了他的研究生，分别作竹结构和竹筋混凝土方面的研究，这完全出乎我的意料，自然感到很高兴。我作为教师研究生，担任着大学生的教学任务。

竹结构和竹筋混凝土是我国20世纪50年代国内高校土木工程

系和国家土建类研究机构中最受重视的研究项目。我国在经过新中国成立后三年的战后恢复期后，到1952年的钢产量还只有130万吨，按当时人口平均每人仅0.02千克（而我国近十年的钢产量已达13亿吨，为20世纪50年代初期的1000倍）。新中国成立初期，国家号召“要千方百计节约钢材”和“以竹代钢”的口号就是在这种背景下发出的。

我们在苏联专家领导下从事竹材应用研究，在北京的建设部建筑科学研究院（后来改名为中国建筑科学研究院）专门派了两个竹工到哈尔滨给我们加工试件，我做圆竹压杆的抗压实验需要有长柱压力试验机，那时只有中国科学院的哈尔滨力学研究所才有，我联系后就可以免费去做，这种互助精神着实令人感动。

苏联专家卡岗教授和前往哈尔滨工业大学向专家学习的国内各高校与科研机构人员合影

前排左二为卡岗教授，左一为木结构教研组主任樊承谋，左三为土木工程系主任胡松林。二人均为卡岗教授的研究生，分别研究竹结构和竹筋混凝土

这两年在科研工作中的科班式系统训练，对我在科研能力上的成长帮助特别大。此外在专家身边，当时国内轰轰烈烈的“肃清反革命”运动和“反右”运动都离我远远的，我不需要去参加，因而能够全身心投入研究工作，所以工作效率特别高。

那时的哈尔滨，物质供应非常丰富，教师食堂的菜既美味又便宜。当时的哈尔滨有许多俄国人，秋林大商店里卖货收钱的就是俄国老太太，哈尔滨工业大学的教职员中也有不少“白俄”（指俄国革命后逃亡到国外的一批俄国人——编者注）。市内电影院里播放的多是俄文电影，到了星期天就能去欣赏一场。从外地到哈尔滨的人还能见到一些稀奇古怪的事情，比如，几个人在食品店里一坐，服务员端上的是一大盘奶油冰棒，当饭一样地吃；路上的三轮车夫，在脖子上挂着直径 30 厘米大的圆形列巴（“面包”的俄语读音——编者注），一路拿回家中当晚饭。

我在竹结构研究中取得了很多成果，令卡岗非常满意，有些成果通过他也在苏联的书刊上得到应用和报道。我完成了圆竹杆件受压、受弯、受剪的系统实验并提出了设计计算方法，同时通过实验提出了用销子等四种新型的构造方法将圆竹杆件连接起来，而以往的竹结构都是用绳子或者竹篾绑扎，没法计算而且都是临时性的。在这些基础上，我提出并通过实验验证了跨度为 6～18 米的大小不同的轻型竹屋架。6 米跨度的轻型竹屋架后来在北京初期建设的展览馆得到实际应用。

陈肇元与卡岗教授

1957 年年底，卡岗教授回国。中国与苏联的国际关系不久便逐渐恶化，当初“一边倒”

的“亲兄弟”，很快变成了势不两立。我们作为卡岗研究生的四位教师虽然都已在国内通过了研究生论文答辩，但是去苏联参加副博士学位答辩的计划一下化为泡影。

不过，那时在没有充分论证的前提下，就匆忙动员全国土木工程界的大部分研究力量从事竹材应用研究，在做法上似乎欠妥。圆竹断面的直径有限，竹壁的厚度又薄，承载能力甚为有限，在20世纪50年代国内尚未能够供应优质有机胶合剂和防腐剂、防火剂的条件下，是难以做成永久性房屋结构的。

1957年秋我回到清华大学。清华大学水利系党支部在“反右”运动中几乎全军覆没，与我同时留校的同班13个同学中，竟有5人被打成“右派”。接着，在1958年的全国“大跃进”运动中，面对荒谬的造假报道，真是“鸣声已断似寒蝉”，谁也不敢直说心里话了。与我同时作为土木工程系转学生进清华大学并在毕业后被分配到外地工作的两个同学也被打成“右派”。

土木工程系的教师中有不少成为“右派”，其中最冤枉和可惜的是卢谦老师，他是1950年从清华大学毕业后留校工作的。我敢说，他是我们土木工程系中最刻苦也最有才华的老师，当时对国家的贡献和在国内的影响也很大。他不仅专业知识渊博，而且会说十几种外语。卢老师还是校长蒋南翔的苏联顾问萨多维奇的俄语翻译。清华“反右”运动时，他其实不在校内而是在东欧出差。回国后的卢老师被戴上了“右派”帽子成为“敌人”，卢老师虽然不久被摘下帽子，但此后也很难被重用和发挥作用了。

在“反右”运动一年前的1956年年初，中央还召开了关于知识分子问题的会议，周恩来总理代表中央作报告，宣布了知识分子的绝大多数已是工人阶级的一部分，知识分子在那时真是意气风发。1957年2月27日，毛泽东主席在最高国务会议上作了《关于正确处理人民内部矛盾的问题》的讲话。同年4月下旬，中央发布党内整风运动指示。中老年教师们本来都心情舒畅，谁知很快就风云突变，“反右”运动开始。这场本限于党内的整风活动，却在“大鸣大放”“知无不言”“言者无罪”的号召下，变成一场史无前例的整肃党内和党外知识分子精英的残酷斗争。

第五章

竹结构研究

从本章开始，将大体按时间先后，重点介绍我的科学研究工作，首先从最早的竹结构研究开始。

在所有建筑结构材料中，唯有竹材和木材是天然生长的不消耗能源又吸收二氧化碳的环保材料。与木材相比，竹材的生长速度很快，四五年就能成材，而且产量大、强度高、砍伐加工简易，所以很早就被应用，在我国很多的历史文献上可以找到不少这方面的记载，例如，宋朝文人王禹偁在他有名的《黄冈竹楼记》中写道："黄冈之地多竹，大者如椽。竹工破之，刳去其节，用代陶瓦。比屋皆然，以其价廉而工省也"。《马可·波罗游记》里也有描述元人的野战行宫用竹竿搭建竹结构房屋的记载。用竹缆做成的竹索桥和溜索桥是早期的悬索桥梁之一，《宋史·谢德权传》中有这样的记载："咸阳浮桥坏，命德权规画，乃筑土实岸，聚石为仓，用河中铁牛之制，缆以竹索，由是无患。"清楚地说明了竹索桥的构造。直到20世纪50年代，我国西南一带还有很多竹索桥，如著名的灌县竹索桥，全长330米，有五个中间桥墩，最早修建于700多年以前。

灌县竹索桥

在房屋工程中，竹材被广泛用作建筑物的围护部件，如竹瓦、竹垟、望板、隔断、地板等。同时房屋中的一些简单承重构件，如屋面条、椽、檩，以及吊顶的龙骨等，也常用竹材做成。此外在建

绑扎节点

筑施工中，广泛采用圆竹绑成脚手架。

用竹屋架来代替房屋工程中的承重木屋架，是竹材被利用的一个重要方面。但直到现在，这种承重竹结构还仅用在暂设工程中，而且型式多限于绑扎结构。绑扎结构已有悠久历史，在南方和四川一带的民房就有用绑扎竹结构的。绑扎结构的杆件在连接的节点处用竹篾（或棕绳、铅丝）绑扎联结，杆件的内力通过竹篾杆件表面的摩擦力传递，每束竹篾只联结两三根竹竿。绑扎结构还能搭成小跨的楼房，也能建成大跨的拱形屋盖。

绑扎竹结构具有很多优点，如造价低廉、施工简单、几乎不用钢材和木材，但只能作为暂设工程，承载能力也有限。绑扎的节点需要经常检修，绑扎的竹篾或棕绳需定时拆换，节点的强度取决于竹工技术水平，而且结构各构件的受力极端不明确，结构的型式、杆件的尺寸及节点的构造多凭经验决定。此外，一般的绑扎结构多有伸出在墙外的抛撑杆件，容易腐蚀。

绑扎竹结构还能做成礼堂、展览馆等大跨结构。下图是 20 世纪

绑扎结构（18 米跨度的汕头第三中学大礼堂）

50 年代修建的汕头第三中学大礼堂。

绑扎竹结构还可以做成简易桥梁，用于农村建设中。

除绑扎结构外，尚有另一类用于庭院建筑中的轻型竹结构和小型的轻便竹屋。竹结构庭院建筑有独特的幽美风格，屋面采用自重很轻的竹筒瓦。同绑扎竹结构一样，其结构和构造也凭工匠经验确定。

庭院建筑

轻便竹结构房屋

能用作结构构件的竹材主要是毛竹和刚竹，毛竹的直径一般在 12 厘米左右，但其重大不足是空芯，壁厚又薄，所以单根圆竹不可能承受较大荷载。为能用在年限较长的房屋工程中，需要研究新的竹结构型式，其内力状态应能依据力学分析加以判明，结构的各个部件（构件和节点）能经过计算或通过实验确定。这些要求都不是绑扎结构所能满足的。

我对竹结构的主要贡献，是将圆竹结构由过去完全凭经验建造发展到能用现代科学理论进行分析计算和设计，提出了一种抵承填板式的竹结构型式，并通过 6 米、12 米、18 米三种跨度的竹屋架加载试验，证实安全系数能达到 3。

进入 20 世纪 90 年代后，国内已能大量生产供应有机胶，开始了胶合竹结构的新局面。到 21 世纪，湖南大学肖岩教授等人和宁波大学李玉顺等人、南京林业大学等少数单位开始研究胶合竹结构和

圆竹中心受压

6 米跨度竹屋架加载试验

12 米跨度竹屋架加载试验

胶合竹结构住宅
（湖南大学肖岩教授等设计）

钢-竹组合结构
（宁波大学李玉顺等设计）

钢－竹组合结构。这种胶合竹结构是先将圆竹剖开加热，做成竹片，去除竹节及芯部的竹黄，然后将多层竹片涂胶叠合成所需厚度；也可以利用竹材的强度和耐磨性高于木材的特点，将竹片做成木材胶合板的表面。

其实，圆竹除能建造小型房屋外，也可以做成大型的公共建筑，例如，越南的 Vo Trong Nghia（武仲义）公司为其本国和墨西哥、意大利、泰国、柬埔寨等国设计建造的一些大型公共建筑创意新颖，极具魅力。下图是他们设计的用圆竹建造的大型公共建筑，面积达 14 000 平方米。

大型展览厅堂（越南）

圆竹也可以修建桥梁，梁式竹桥的跨度一般较小，但拱式竹桥的跨度可以做成很大。在哥伦比亚建成的单跨达 52 米的竹拱桥，

52 米跨度竹拱桥

为具有 37 年竹结构建筑经验的德国工匠 Jorg Stamm 凭他的经验建造而成。

我国的毛竹产量约占全世界的90%。竹子这种环保材料在土木工程建设中的应用应该得到政府建设部门的高度重视和支持。

第六章 “右倾”挨批

1966年以前，清华大学的每个系都设有教学、科研、人事秘书，上面还有总秘书，后者的权力实际上比担任系主任的老教授还要大。回到清华大学后，土木工程系安排我担任科研秘书，主管科研工作。我从哈尔滨工业大学回到清华大学，作为主管科研的系秘书，见到当时系内乱哄哄地大搞科研自然很不满意。在1958年以“瞎指挥”和“共产风”为主导的“大跃进”运动中，我怎么也跟不上去。要全民大炼钢铁和大办公共食堂，于是家家户户砸碎铁锅去炼钢，这些土办法炼出的钢根本不能用。“共产风”带来的是全国各地大闹饥荒。北京是全国首都，虽然供应情况要好些，不过，我们为土木工程系教职工吃饭所办的公共食堂，也到了连大白菜的菜根都不舍得丢掉的地步，将它放在盛水的杯子中待它慢慢抽出细小的芯芽再摘下来吃。

那时的土木工程系科研项目，比如，要我带着学生到荒凉的圆明园去割草，再找来黏土与草搅在一起做成“土草板”，准备盖房子，所以我不时会说一些抱怨的话，在1958年的“插红旗、拔白旗”运动中成为土木工程系教师中的“白旗”典型，接着在1960年的校内反“右倾”运动中，成了系内教师中的“右倾”典型。还由于在此前的4年中发表了10篇有关竹结构研究的论文，我被认为分明在走“白专道路”，遭到大字报和大、小会议批判。当时我参与的由大批学生挑头的科研项目是“国家大剧院（后因某些原因未建）的挑台薄壁结构理论与模型试验研究”，这一研究甚有水平，成果发表在《土木工程学报》上，文中最后的结语写道：“事实证明只有学校中大搞生产，大搞群众运动，才能培养国家建设干部。”其实，这个项目作为本科毕业生的课题过于深奥，理论和试验工作主要是由古国纪老师和来晋炎老师手把手教着学生做成的。

那时国内的许多地方已陆续出现了因“大跃进”带来的大饥荒，对于在城市生活的人，尚有粮食定量供应，按人头每月还有几两肉票。我是讲师，因此有特别优待，每月能拿到半斤肉票。蔬菜也奇缺。“大跃进”时的土木工程系有系设的公共食堂，土木工程系的教职工都在那里吃饭。

1959 年年初，学校派周维垣同志到土木工程系担任总支书记。他是 1949 年的土木工程系毕业生、过去的地下党员，在新中国成立前后，与何东昌、艾知生三人是清华大学党支部的支部委员。1952 年蒋南翔到清华大学后，周维垣是清华大学的党委组织部部长，因工作中与蒋南翔意见不合，所以被派到土木工程系当领导，实际是降级处罚。他到了土木工程系，给系里的工作带来蓬勃活力，见到系内竟没有一个比较像样的大型科研项目很不满意。正好在这时中央提出了“备战备荒”的号召，于是周维垣先到军事部门联系到了科研大项目。但在紧接的反“右倾”运动中，土木工程系的党总支书记周维垣被打成“右倾分子”，在党内受批判，把我则放到土木工程系的党内外群众中批判，说我有着彻头彻尾的资产阶级人生观和世界观。运动过后，周维垣被发配到水利系当水工实验室的试验员，此时离他大学毕业已有十多年，一直脱离了专业做党务工作。但是他在困境中能刻苦钻研，后来竟能从试验员做起，成为国内著名的水工结构专家、教授。这是一般人难以做到的。

1960 年周维垣同志“倒台”后，土木工程系就没有了党的总支部领导，校领导就将土木工程系与建筑系两系合并成土木建筑系，简称土建系。由建筑系的党总支书记刘小石同志担任土木建筑系的领导，但土木工程系的系主任陶葆楷与建筑系的系主任梁思成（梁思成去世后，吴良镛任系主任）都是我国学术界的大权威，于是土木建筑系就有了两个正系主任。两系合并的另一个原因是在“大跃进”运动中，建筑系是重点批判对象，被认为“封资修”思想严重，应该“改造”，其实合并以后仍旧是各干各的。一直到了 1980 年，终于又分成土木工程、建筑两个系。

在“大跃进”和反“右倾”运动以前，我还以为自己是个年轻的革命知识分子，没想到一下子成了被革命的对象。幸亏“右倾”属于人民内部矛盾，要是在1957年，很可能要被定为“右派”分子，那就会成敌人了。反“右倾”运动对我的处罚只是跟着土木工程系的一个农民出身的老工人，脱离教学科研，种了半年多的蔬菜接受“劳动改造”，算是够轻的了。

1966年“文化大革命”到来时，我得以成为“逍遥派”，与系里的其他干部不一样，可以头上不戴高帽、脖子上不挂牌子，也不需要站在台上与“黑帮分子”们一起陪斗。

在专业方向上，我认识到国内的树林在“大炼钢铁”等累次运动中遭到大规模砍伐，木材奇缺，木结构已成无米之炊，于是就将专业方向转到了结构试验技术，并讲授这门课程，还和其他老师一起编写了一本《建筑结构试验》教材。期间，我主持了一些危旧房屋的鉴定工作，其中比较重大的一项是北京矿业大学主楼配楼的倒塌鉴定，后来曾主持过的重大事故鉴定还有盘锦军分区大楼遭燃气爆炸倒塌（推翻了原先认为炸药爆炸引起的结论）及衡阳的衡州大厦倒塌。这些事故都引起许多人员死伤，使我深深认识到房屋连续倒塌的危险性，而如何加强结构的整体性措施，防止发生连续倒塌，正是我国工程结构设计规范中被忽视的重要方面之一。所谓连续倒塌，是指建筑物中某一结构构件遭到局部破损而引起的建筑结构大范围倒塌，上述的三起大楼倒塌都属于连续倒塌。

“反右倾”运动后，国内的经济状况经过三年调整稍有好转，周恩来总理在当时的全国人大会议上重新肯定了绝大多数知识分子已不是资产阶级知识分子。可是好景不长，就在同年9月，中央又号召“阶级斗争必须年年讲，月月讲，天天讲”，接着又是连续不断的“反修大批判”“批判阶级斗争熄灭论”“四清运动”。每个运动来了，我都跟不上，总是成为被批判的对象。不过我确实是努力去认识的，总认为自己受“封资修”毒害实在太深。苦恼的是，我怎么检讨都被认为不深刻而过不了关，加上自己又不愿意瞎编胡说八道，这种抬不起头的局面一直持续到1966年开始的“文化大革命”时我成了“逍遥派”。

这些日子里，值得欣慰的是我与张茂能于1958年领取了结婚证，那时的党员结婚是要组织上经过调查并经批准才可以的。我们结婚时没有任何排场，事先也没有告诉双方的家长。结婚那天，只在清华大学分配给的一个集体宿舍单间里，邀请系里的同事们吃些喜糖接受祝贺，就算办了大事。茂能的父亲曾先后任教于南京大学和文物研究部门，是古文物专家和音韵学专家。受父亲的影响，她酷爱文学，从小就学作国画，大学毕业后被分配到建筑工程部建筑科学研究院（后改名为中国建筑科学研究院）的结构工程研究所从事木结构研究工作，才与我认识。她因不喜欢结构专业，过了两年又转到了建筑科学研究院的建筑理论与历史研究所，从事国内现存的古代园林研究。这个专业非常适合她，但是一年里，她大部分时间都要出差去外地调研，而我的工作又非常忙碌。一年后我们的第一个孩子出生，刚满月不得不托我的母亲带到宁波老家，一直养到八岁才带回北京。六年后第二个孩子出生，也是一满月就托养给郊区的一个保姆，到两岁才领回清华大学家中。

张茂能（摄于1957年）

1958年5月陈肇元与张茂能结婚照

第七章 防护工程研究

20世纪60年代初，中苏关系完全破裂，中央提出了“深挖洞，广积粮”的号召。清华大学当然不甘落后，在1962年组织了有关院系成立与战备有关的大项目，其中的一个与土木工程专业有关的是修建工事，也就是修建地下的防护工程，这正是周维垣同志不久前看到其重要性并到有关部门联系争取的研究内容。当时，土建系抽调了一批以青年教师为主的教师队伍，成立了代号叫“0304”的课题组。

防护工程需要研究的防护对象是敌方的常规武器和核武器效应，当时的研究重点是核武器的防护。核武器的杀伤范围可达数十千米，要是直接命中，则几千米内除深埋工事外，所有一切将玉石俱焚，所以土木工事中的防护结构是需要重点考虑的，在当时主要是指核武器效应中由核爆炸产生的空气冲击波。

防护结构的研究离不开实验手段，因此课题组首先要解决的是实验室内能够产生爆炸压力的加载设备和量测仪器。那时想到的有两种：一种是能直接产生爆炸冲击波压力的模拟器，另一种是能模拟防护结构在爆炸压力荷载下发生毫秒级快速变形的快速变形加载试验机。前者主要由沈聚敏和陈聃主持，后者主要由我主持。只是前两位到了20世纪80年代初就转到抗震科研并且不幸早逝，而我在90年代初也转到高强高性能混凝土和地下结构领域的研究，但与防护工程的科研与设计部门保持联系并接受他们的有关咨询与培养军队高层次科技创新人才的工作仍持续至今。

在接受这项科研任务以前，我一直没有接触过有关结构材料和结构构件快速变形性能的研究，国内也没有相应的加载实验装置，所以首先要在外文资料中寻找线索，获得实验设备的基本概况后，需要自行设计。这对我这样土木专业的人来说可是个考验。我和实验室的张达成技术员从小吨位的试验机设计加工开始，先后设计了用高压氮气作动力的 5 吨、30 吨和 150 吨的毫秒级快速变形加载试验机，以及 5 吨和 10 吨的快速加载机。我们为此需要画机械零件图、跑工厂，困难不少。快速变形加载设备能使试件的破坏过程在几秒到几毫秒之间的范围内任意可调。当时，连这些设备内的“O”形橡胶密封圈在市场上也没有供应，需要自行设计钢模具，请工厂加工。为了来回运送设备零件和进行快速动力试验用的高压氮气瓶，我学会了蹬三轮车到中关村那边的工厂购买。那时，市场上还没有动态应变的量测设备，所以系里专门组织了一些同志自制这些量测装置，那时系里的金工间里有从部队转业分配来的七名工人，车、铣、刨、焊都能做，上面说的一些小吨位快速变形加载机和量测装置都是他们自己设计并加工制造的。

有了这些，我们进行了普通钢材、高强钢材、不同强度混凝土、塑料浸渍混凝土、高强纤维塑料等多种结构材料，以及钢筋混凝土构件受压、受弯、受拉、受剪和钢管混凝土构件中心受压等的快速变形实验，并取得了防护工程中常用的钢筋混凝土板受冲击波压力下的性能，以及隧道和地下工程中的防护门与门框墙性能等大量实验数据，提出了防护结构的设计方法。此外，我们还系统研究了核爆空气冲击波作用下的城市高层建筑倒塌、城市多层砖砌体多层房屋破坏的碎片分布，并提出国防、人防工程设计规范中存在的一些重大问题。为此，我编写的有关防护工程的内部研究报告有 131 份。一些研究成果很快得到实际

陈肇元在工程结构实验室中

应用，例如，在20世纪60年代的北京地铁一号线建设中，考虑地铁车站在战时受地面冲击波压力下的钢管混凝土柱与柱帽发生快速变形的设计方法与模拟实验，就是我们实验室完成的。

先后前来参与清华大学防护工程研究的有国内刚成立的总参工程兵研究所等单位的技术人员，其中参与到我研究组的有曹炽康等人和中国铁道科学研究院的潘雪雯等人。为堵住冲击波进入工事内部，工事口部的防护门是防护工程中的最薄弱环节，我们参与了海军、工程兵、原国防科学技术工业委员会等各军种对不同类型和跨度的防护门设计研究，这些都为防护工程设计规范的相关章节所采用。

我校对防护工程的研究因为是国防项目，即使在“文化大革命”时期也少有停顿。在“文化大革命”时的开门办学和下放劳动期间，研究人员则轮流参加，轮到我时已近“文化大革命”尾期。

在20世纪80年代开始的城市化建设浪潮中，国内大量兴建地下工程，其中多数具有民防功能。我兼任了当时国内最大的两个民防地下工程的顾问组副组长，并通过理论分析和试验研究，成功采

防护工程的研究项目鉴定会

第一排右四为主管科研的工程兵首长，左三为陈肇元

用了无梁板和钢管混凝土柱的结构体系，取得良好经济效益，该项成果得了全国人防科技进步奖一等奖。

防护工程是我一生中投入时间最长的研究项目，脱产研究的时间就长达 27 年。我们在防护工程中取得的研究成果有许多在后来的城市化建设中也起到很大作用。比如，此前的城市建设中习惯采用 C15 和 C20 那样的低强度混凝土，即使 C30 也很少被采用，而我们早在 20 世纪 70 年代末就研究成功了高工作度的强度高达 C100（抗压强度 100 兆帕）的高强混凝土以适应高抗力工事的需要，高强钢筋的情况也类似。大型地下防护工程的设计与施工经验同样也正是城市大型地下建筑所需要的。

在防护工程领域，我的一些研究成果也被有关国防、人防工程设计规范所采用，编著的内部交流报告经筛选属于能够公开发表的内容，已重新组合成一本专著《爆炸荷载下的混凝土结构性能与设计》，由中国建筑工业出版社出版。

从 1966 年 5 月到 1976 年 10 月的十年“文化大革命”期间，除去劳动锻炼一年、到石景山开门办学一年等原因无法前去工作外，我参与的国防科研项目基本陆续不断。

说到“文化大革命”，对清华大学师生来说真是一场前所未有的大灾难。“文化大革命”初期，国内高校内受到冲击最大的革命对象一般是老教师和校级领导干部，但清华大学似乎有些例外，老教师一般没有被斗，斗争的对象主要是校、系两级的领导干部。校长蒋南翔当然成了“头号走资派”，说他对“右派”学生“温情脉脉”。

武斗时，我家与蒋南翔的秘书饶慰慈同志和她上清华大学附属小学的女儿同住清华大学 17 公寓的一个房号，分住其中的两个卧室，合用厨房和厕所。在改革开放前，清华大学的教师待遇就是这样。饶慰慈为人非常和善，工作很忙，经常下班回来后还要在室内书写各种文件到深夜，只在周末回到她在城里的家中。“文化大革命”开始后，她就被团派红卫兵列为“罗、文、李、饶”反革命集团的成员之一。罗是罗征启，清华大学当时的党委宣传部部长，其实这四个人平时各司其职，并无联系，说是“集团”，实为捏造。红卫兵反复在晚上来到她的卧室抄家拷问，吓得小女孩直哭，不得不躲到我们房间里睡下。有次星期天晚上，那些“小将”们又到我们房号，用脚踢开上锁的大门和饶慰慈的房间门，一看没有人，就到我们卧室仔细察看，说是要把饶慰慈带走。

第二天清晨，我和张茂能分头到学校南门和西门外的公共汽车站等饶慰慈回校，果然拦到了她，劝她赶紧返回城里家中，快买火车票去东北的亲戚家避难。但她还是认为自己没有太大问题，竟到团派总部自投罗网以至被长期关押，遭到惨无人道的拷打，遍体鳞伤，落下无法恢复的残疾和精神创伤。

武斗最厉害期间，我家只得外迁，我带着两岁的小儿子避到在唐山铁道学院工作的大妹家，茂能则带着大儿子到城中工作单位上班，晚上只能睡在办公桌上。

次年7月17日，工人宣传队进校领导学校后，校、系的领导都变成走资派。各教研组和实验室基层一级，则由工宣队从本系学生中抽调一个出身好的学生当领导（称号叫班长），再从教师中找一个副班长。由于原来的基层领导已被打倒，要我这样一个在“文化大革命”前已定为一般群众的“右倾”典型当副组长，来配合班长领导政治学习和实验室的日常工作。我在白天搞科研，晚上一起学习主席语录。到半夜里如一有毛主席“最高指示”发布，大家都要从床上起来到实验室集合，在校园里面游行，边游行、边高呼口号，有时还要游行到校外的林学院一带，回来时往往已近凌晨，天亮后还要马上到实验室开会学习这一最高指示。学习新发布的毛主席指示，那是绝对不能过夜的，即所谓的“最高指示不过夜”。

工宣队进校时，在北京市环境保护科学研究所工作的我的爱人张茂能，已经被下放到河南农村。她原先工作的中国建筑科学研究院的建筑历史研究所，被认为带有“封资修”色彩，“文化大革命”

一开始时即被撤销，她才转移到北京市环境保护科学研究所工作。这样，我在家中尚需照顾两个孩子，大的10岁上小学，小的4岁上幼儿园。每天一早，只能由大儿子领着小弟弟先去校内的幼儿园后，再去清华大学附属小学。家里有台缝纫机，这段时间里，孩子穿的衣服都是我做的。对于学工程的人，学会裁剪并不难。我自己的衣服也有自己缝制的。

1973年，张茂能回京后可以照顾孩子，我就被安排到石景山的首都钢铁厂去“开门办学”。说是“开门办学”，其实与首钢的工人毫无联系。厂里安排我们三个教师带着一个班的工农兵学员，一起住在厂方提供的一个废弃的没有卫生设备的单层工棚内，与学生同吃、同住、同劳动。我白天在工棚内上课、辅导答疑，晚上则是师生开会“谈心”，所谓“谈心”，就是要老师交代“活思想”，学生帮助老师进行“思想改造”。其实，那些工农兵学员的心里都很尊敬老师，他们学习很努力，懂得上大学之不易。夜里，师生们挨个排起来，共同睡在用模板搭成的十多米长的通铺上。这种师生关系现在看起来很滑稽，不过在当时确实加强了相互间的了解和感情。以后我每次到外地出差，他们只要知道了就会来问候，见面时都特别高兴。有一次出差，有个工农兵学员已是当地建设部门的领导，开欢迎大会时他开玩笑介绍说“我和陈老师是同睡过一张床的”，引来哄堂大笑。

1974年，轮到了我去劳动一年，到北京郊区大兴的团河农场。那里本是改造犯人的劳改农场，将他们迁走后换成了知识分子。在那里我被派为养猪排的排长，所以我不用与校内的大多数教师一样，再去江西的劳改农场，到那边有的回来后检查得了血吸虫病，成为长期病号，我们土建系也有老师因此而死去。当时明知当地的农场有血吸虫，但大家去劳动时光着脚过水潭，硬是高喊着“一不怕苦，二不怕死”的口号迈过去。相比之下，我们在京郊养猪幸运极了。养猪的活还很轻松，劳动量并不大，只是到粮食加工厂去做猪食时，需要肩背成袋的粮食，压得我得了腰肌劳损的毛病。其实猪并不是想象得那样脏，相反却喜欢干净，它们晚上睡觉时会整齐地挨个排成一列，挺有意思。

1975 年，我从农场回到实验室。1976 年 1 月，周恩来总理逝世，全国人民无限悲痛，4 月，人们为纪念周恩来总理，反对“四人帮”的倒行逆施，自发到天安门广场示威。大家对毛主席去了陈毅的追悼会而未去参加周恩来总理的追悼会也感到不解，却不知他老人家的健康状况确已难以活动。

之后，这个古今中外、史无前例的“开门办学”也就“寿终正寝”了。

在改革开放前的国内基层单位中，清华大学始终作为历次政治运动的先锋，运动的势头和强度总要比其他地方高上一级。不过，我应该算是政治运动中的幸运者。与我同时留校工作的 13 个同班同学在本书的前面已提过有五个在 1957 年“反右”运动中被打成“右派分子”成为“敌人”外，到 1966 年“文化大革命”，又有三人因不堪折磨而死去；1950 年与我同时转学到土木工程系的五个同学，毕业后被分配到外单位工作，其中两个成为“右派”分子，另一个从马来西亚回国的爱国华侨毕业后被分配在天津大学工作，在“文化大革命”中上吊自杀。大概从 1957 年开始到“四人帮”垮台，年轻知识分子作为群体来说，就变成了可“改造”的“臭老九”，紧跟“地主、富农、反革命分子、坏分子、右派分子、特务、叛徒、走资派这八个阶层之后”，从革命的积极分子队伍中被赶了出来，成为了革命的对象。

我在接连不断的运动风暴袭来的时候，并没有受到过致命的打击，相对来说，就比别人有较多时间搞业务。1957 年清华大学“反右”运动开始时，我在哈尔滨工业大学跟苏联专家学习，那边的“反右”运动尚未开始。1957 年秋回到清华大学后，这里的运动已经结束。

1966年“文化大革命”开始，我的身份只是系里的普通教师，避开了作为“陪斗”对象的厄运。“文化大革命”中当工人宣传队进校领导学校后，校内大批老师带着家属下放到江西鲤鱼洲农场劳动，但我因有国防科研任务没有让我去而逃过一劫。所以，我是一个相当幸运的人。

我有幸在大学毕业后就遇到国内开始战后恢复建设，与我中学同班的38个同学中，连我一起有两人先后当选为中国工程院院士；与我大学一年级同班的32个同学中，也是有两人分别当选为中国工程院和中国科学院院士。一部分原因是新中国成立初期技术人才短缺，因而我们能够较早被重用。但是也有许多同学在新中国成立后的残酷政治运动中遭受迫害，甚至英年早逝。

第八章
“拨乱反正”

“文化大革命”结束后的清华大学第一任校长兼党委书记是刘达同志。他在1977年上任，面对的是饱受蹂躏的重灾区。他接近群众，生活清廉，到清华大学后不要房子，中午自己带饭。刘达是我在清华大学工作60多年中遇到的最有魄力和最出色的领导。“文化大革命”开始时校系领导干部在红卫兵鞭打下拆掉的清华“二校门”，20年后在刘达任期内又恢复原状，虽然已不再是历史文物而成了仿制品。在他领导下，校内秩序很快恢复正常、步入正轨。

重建的“二校门”

（与原样式相比变高）

1976年年底，我从石景山开门办学工地回到校内，同时担任了土木建筑系的系副主任兼地下工程教研组主任。

我任系副主任以后，除讲课外，还主编了一本全国统一教材并承担了其中大部分的编写任务，继续从事1962年开始的防护工程科研，唐山大地震后也同时参与建筑物抗震的项目研究，工作量是全系教师中最大的。地下工程教研组内的教师当时都是不到四五十岁的厌恶空头政治的中青年实干派，干劲特大又很团结。教研组的支部书记是朱金铨同志，他也一直站在教学科研第一线。当中央号召要“拨乱反正”时，这个教研组被学校领导认为是“一个整顿就绪的战斗集体”，作为典型进行广泛宣传，拟越级提拔我当教授，大概是通过校间的简报，连在外校工作的我的大妹也知道我已升了教授。从1957年“反右”运动到1978年的21年内，校内一直没有评过正高职称，土建系那时还有大量高水平的年长老师是副教授。我认为这样的典型实在难以承受，还是仍当副教授心里踏实些，就坚决推辞了这一安排。这样我在1952年任助教，1955年任讲师，1978年任副教授，过了五年在“文化大革命”后的第二次评职称时才升为教授，当是我已是52岁了。不过比起系里兢兢业业教了一辈子书的老师，有的在退休时还得不到高级职称，我已经非常幸运了。

1984年，系党委要我任土木工程系的系主任，我自知本人只适合做具体工作，因为交给我做的工作总要按照自己的想法干，听不进上级领导的话，我对现行的大学教育制度和培养方式又很反感，所以没有做基层领导的本领，但又推辞不掉，不得不答应只干一届（四年），并在确定了接任我的具体人选是江见鲸教授之后才上任。这样，我任系主任的四年里，白天大部分时间都花在行政工作上，晚上则抓紧时间搞课题研究。在系里其他党政干部的相互配合下，我主要做了以下几件事。

（1）针对当时工程建设的需要，扩大土木工程系的专业领域，在建筑工程管理教研组的基础上，增设了一个建筑工程管理专业，新增了城市交通和计算机应用两个教研组。

（2）调整过剩的教师队伍结构，输送十多名副教授到外校，他们多是1958年全国“大跃进”时期留校工作的本系毕业生，有的还是更早留校从教的，他们的业务能力都很强，调到外校后，必然可以发挥更大作用。

（3）在大学生的课程设置上，我在国内带头增设了用英语讲授“结构力学”和“钢筋混凝土”两门主课，采用英文教材，土木工程系的学生可以根据自己的能力和爱好，选用中文或者英文讲授的课程。此外，为拓宽专业知识，增设多门选修课。

（4）挑选年轻教师和优秀毕业生去国外深造，希望他们能在国外多干几年，有了一些成果后再归来任教。

我向来对开会最反感。以往在学校里，大事小事都开大会，严重影响了正常工作。在知识分子成堆的地方，大家习惯用眼睛看而不是用耳朵听，耳朵的吸收能力已相对退化。我领导土木工程系工作四年中，只在过年、过节召开茶话联欢会，但每当一个学期结束，都会写一个书面的工作汇报印发给全系教职工，并编发《校友通讯》给各地校友。各项工作基本上都按照我的意愿实现了，只有一项工作受到很多职工特别是基层工会的反对而未能实现，就是我提出教职工不许在上班时间做工间操和跳舞，那些活动在当时很是风行。当时的系主任和党委书记的工作是很辛苦的，一到春节等假日，还要带头到系馆值班，不像后来有专设的值班开门工人。

1984年，国内设立教师节，这是土木工程系为从教30年以上的教师开的茶话会

上述工作之所以能够顺利开展，首先是土木工程系领导班子的团结和支持，我的想法往往会有些片面，能够得到系党委同志的及时提醒和帮助意义重大。

第九章

高强混凝土和高性能混凝土的研究与开发

从 20 世纪 80 年代起，预期国内将很快开展大规模工程建设，清华大学土木工程系率先对高强和高性能混凝土这一具有广泛应用前景的新一代混凝土结构材料的结构设计方法进行了系统研究。

前面已经提到，我们在防护工程研究中早在 20 世纪 70 年代末期就已研发了强度高达 C100（每平方厘米能承受 100 兆帕）并具有良好操作性能的高强混凝土。在民用工程中首先采用 C60 高强混凝土是在 1980 年前后，由中国铁道科学研究院经系统研究，在广西湘桂铁路的红水河三跨［（48+96+48）米］斜拉桥预应力箱梁中得到应用。

按照中国土木工程学会高强混凝土学术委员会提出的定义，高强混凝土是指抗压强度的标准值不低于 C50 的混凝土。普通民用工程所需的混凝土强度多低于 C50（高层建筑的底层柱等少数情况除外），所以将 C50 作为普通和高强的一个界限是比较合适的。

采用常规工艺生产配制的混凝土是以水泥、砂、石为原材料加水充分搅拌后，置入硬化后所需形状的模板内养护做成的。要使混凝土高强，首要条件之一是配制时的用水量必须尽可能少，为此需在混凝土中引入高效减水剂；条件之二是在水泥中掺入粉煤灰、磨细矿渣、硅粉等活性矿粉。多数工业化国家现在已能广泛供应强度高达 90～100 兆帕的商品混凝土，如有需求，更高强度的混凝土 (150 兆帕) 也能提供。

现代高强混凝土适应了工程结构向大跨、高耸、重载方向发展和承受恶劣环境条件的需要，已被用于多高层建筑、桥梁、港口海洋工程、地下工程等各个土建工程领域并取得重大效益。现代高强混凝土技术对于提高普通混凝土的工艺水平也有重要指导意义。

最早大量应用高强混凝土的工程对象是高层建筑，它可以大幅度缩减高层建筑底层墙柱的截面，扩大柱网间距，增加建筑使用面积并缩短施工工期。高强混凝土动摇了钢结构在超高层建筑中的统治地位。

在桥梁结构中采用高强混凝土可能具有更大的潜力，它能有效降低桥梁结构自重，有利于增大桥跨、减少桥墩，或增加桥下净空，更为重要的还在于可以延长桥梁的使用寿命，降低平时维修费用。

我国在现代高强混凝土的研究和应用上起步并不算晚。20 世纪 80 年代初，清华大学土木工程系与海军工程部门合作，将坍落度达 15 厘米的 C70～C75 级高强混凝土用于宽 13 米、高 21 米的半埋于海水中的大型拱形防护门。由于技术经济政策上的一些问题及缺乏相应的设计施工条例，加上国内不少工地的施工管理水平过于落后，所以在随后的一段时间内，现代高强混凝土的推广一直较为滞缓。这种状况到 20 世纪 80 年代末才发生转变。

“高性能混凝土”(high-performance concrete) 一词的提出要比“高强混凝土”晚得多，现已成为一种时髦，风靡于国际土木工程界且被广泛接受，尽管关于什么是高性能混凝土至今有着不同的解释和理解，毕竟它不像高强混凝土那样容易定义。

现代高强混凝土是高性能混凝土，这一点比较清楚。但高性能混凝土是否必须高强，不同的人就有不同的看法。不少人认为，高性能混凝土也应该是高强混凝土，但国际上现在比较认可的是美国混凝土学会提出的定义，即“高性能混凝土是具有所需功能和匀质性的混凝土，仅靠惯常的原材料和惯常的拌和、浇注与养护方法，未必定能制备出这种混凝土”。根据这一说法，加拿大的高性能混凝土研究将用于回填采矿后的井巷，并利用尾矿废渣材料制作的抗压强度仅 1 兆帕的低强混凝土及用活性粉料压制的强度高达 200～800 兆帕的混凝土等都列入高性能混凝土之列。在日本，东京大学以冈村甫为代表将高流态的自密实免振混凝土称为高性能混凝土。

事实上，工程中需要的很高强度混凝土的结构在数量上并不是很多，将强度虽然稍低但仍具优良耐久性和工作度的混凝土排除在高性能混凝土之外是不合适的。就我国现状而言，深入研究开发C35～C50级高性能混凝土可能具有更普遍的意义。提高强度一般对耐久性有利，但二者有时并不一致。比如，增加水泥用量常可提高混凝土强度，却会导致混凝土开裂而对耐久性有害，掺入粉煤灰常会降低早期混凝土强度，却能明显提高混凝土的抗渗性而对耐久性有利。所以，高性能混凝土并不一定必须高强。

从我国的国情出发，我们认为可以将高性能混凝土视为以耐久性为基本要求并满足工业化预拌生产和机械化泵送施工的混凝土。

为推广应用高强和高性能混凝土，1985年我在中国土木工程学会担任常务理事期间，发起成立了高强混凝土专业委员会并任委员会主任近20年之久。这个委员会每隔两年召开一次全国性的学术会议，受到国内工程设计界和学术界的热烈欢迎，每次参加会议的有数百人，并印刷会议文集，至今已召开了15届。

以我为主编写，与朱金铨、吴佩刚共同出版的《高强混凝土及其应用》一书，获得国家教委（即国家教育委员会，现为教育部——编者注）授予的全国高校出版社优秀学术著作特等奖。1994年，我以中国土木工程学会高强混凝土委员会名义出版了《高强混凝土结构设计与施工指南》，这本书在出版前两年曾内部印刷发至国内各部门征求意见，影响较大，也促进了铁路、公路等其他行业编制各自专业的耐久性设计标准，例如，在中国铁道科学研究院，谢永江和我们共同编写的《铁路混凝土工程施工技术指南》（TZ210—2005）。1999年，我主持编写出版了中国工程建设标准化协会标准《高强混凝土结构技术规程》（CECS104：99）。2004年我主持编写了《混凝土结构设计与施工指南》，印刷了两次，又于2005年出版了此书的修订版。2008年主要由我编写并出版了国家标准《混凝土结构耐久性设计规范》（GB/T 50476—2008），此书的修订再版初稿现已征求意见并通过评审完毕，将于今年公开发行。

陈肇元（左一）参加高强混凝土结构耐久性设计与施工技术标准培训

陈肇元（前排左四）参加混凝土结构耐久性评定标准审查会

高强和高性能混凝土的研究成果主要反映在以上已提到的设计规范、标准和指南上，我书写的论文大部分为有关的会议文集收录，有不少发表在《土木工程学报》《建筑结构学报》《建筑结构》《建筑科学》《建筑技术》《工业建筑》《混凝土世界》等杂志上。

我在高强高性能混凝土领域的主要贡献，除了进行项目研究外，更在于这一技术的推广上，取得了很大的经济效益和工程效益。

20 世纪 50 年代在清华大学土木工程系工作过的青年干部于校庆时合影

自左至右：陆赐麟、沈聚敏、王和祥、蔡益燕、陈肇元

第十章
社会工作

20世纪80年代初，国内的各种专业学会在停顿十几年后陆续恢复。1984年，中国土木工程学会恢复后，我即开始担任前后共四届的中国土木工程学会常务理事，长达18年，其中的后四年兼任学会的副理事长。我为这项工作投入了很多的时间和精力。在学会领导的支持和协助下，我发起成立了教育工作委员会，并组织主持各地高校土木工程院、系主任的工作交流会达十余年，每隔两年一次的这一活动至今仍在延续，受到各校热烈支持。在此基础上，一些土木工程系房建专业的专业课老师也分别组织成立了课程研讨会，取得了很好效果。此外，为鼓励和培养土木工程领域的优秀人才，我还推动并组织开展了全国土木工程高校优秀毕业生的评选和表彰工作，近20年内共评选表彰优秀毕业生近500名，这些优秀学生大部分都活跃在我国工程建设的各个领域中。

前面已经提及，针对国内高层建筑和大跨结构的兴起，作为国内最早从事高强混凝土研究的专业人员，我在学会工作期间发起成立了学会下属的高强与高性能混凝土专业委员会，积极宣传推广这一新技术，并作为主要编写人主持编写了高强混凝土结构的设计指南、规程和规范，出版后对延长我国混凝土结构的使用寿命起到了重要作用。通过这些工作，我得以结识国内许多高校土木工程系主任与知名老师，对自己来说也是极大收获。

此外在学会，我还担任过《土木工程学报》的主编，每周都要到学报办公室确定稿件取舍。我在学会还发起成立了基坑工程专业委员会，定期召开全国性学术会议并延续至今。改革开放以来，我主持并参与编制建设部、交通部、铁道部的技术标准规范有十余种，同时参加编写的国防和人防部门的防护工程规程还有多种。这些工作虽然占用了我不少时间，但反过来也加强了我与同行的联系，我从他们那里学到许多。

陈肇元参加校际学术讨论会

同时，我也长期任《防护工程》杂志的副主编，还担任许多杂志的编委，不过有许多只是挂名的虚职，有的连我自己都不知道。我也从事过不少兼职，例如，任职半年的汕头大学兼职教授和任职多年的深圳大学兼职教授。清华大学在深圳设有研究生院，我与清华大学的路新瀛教授在清华大学研究生院内成立了一个土木工程安全中心，我到深圳就住在深圳大学校园内。此外，我还担任中国建筑工程总公司的顾问。

从 20 世纪 80 年代开始，我的研究课题逐渐转入民用领域，比如，与工程设计施工部门合作，参与了包括广州、天津、沈阳、深圳等城市的地铁车站设计研究、高层建筑施工的基坑工程设计等。之所以能在国内最早涉及这些新技术在民用工程中的推广应用，是因为有不少技术乃是我在防护工程研究中所获成果的进一步延伸。

凭着在防护工程和高强混凝土等科研工作中取得的成果，我在 1997 年中国工程院院士增选中被提名当选。在清华大学土木工程系结构专业的老师中，有的老师研究成果不比我少，如沈聚敏教授、过镇海教授等，他们都是国内最早从事抗震工程、防火工程及混凝土材料在三轴受力性能与相应加载设备等方面的研究并取得重要成就的著名学者和领路人。在本书的附录一中，将简要提及他们的贡献。所以自己被推荐为院士，只能算作是一个代表。我是在系里一些同志推动下作为中国工程院院士候选人的，提名书一开始就是朱金铨教授撰写的。中国工程院在20世纪90年代中期成立时，作为工程界最高荣誉性、咨询性学界机构，名气与在社会上的地位似乎并没有像现在那样显赫，院士在工作单位内享受到的待遇和福利也没有上升到现在那样高，与此同时，在社会上受到的诟病也从无到有。院士增选，实质上已从“推荐”向着“个人申请”演变，那是非常值得注意的倾向。

在中国工程院土木水利建筑学部，我因家住北京，传递中国工程院的上级指示比较方便，在2000～2002年被选为学部的常务副主任，2002～2004年和2004～2006年两届被选为学部主任。这几年我的大部分时间差不多都花在学部工作上，包括组织各种会议、外地考察参观、组织重大研究项目、向政府有关部门提出各种建议。当时国内大城市中兴建大型公共建筑工程，同时兴起了一股标新立异、不惜工本的歪风，完全背离了国家的“安全、实用、经济、美观”建设方针。学部针对国家大剧院、北京奥运主场馆等设计方案组织了不少大小会议，提出许多批评意见和建议，并以中国工程院土木、水利与建筑工程学部的名义，组织院士和专家书写论文和建议，出版了《我国大型建筑工程设计发展方向》和《论大型公共建

陈肇元主持中国工程院的科技论坛

筑工程建设》两本文集，由中国建筑工业出版社分别于2005年和2006年出版发行。

中国工程院的学部工作也给了我得以到外地了解和调查的机会，让我收获不少。

陈肇元院士在施工工地

陈肇元院士多次参加应县木塔的修缮论证会

第十一章 境外交流

大约从新中国成立后的1951年开始，我国就进入了一个“闭关自守”的时代，除早期与苏联有联系以外，与境外的民间联系完全隔绝，这种情况到1976年才逐渐结束，长达26年。

我第一次出国比较早，是在1978年1月到2月初作为清华大学张维副校长团队的一个成员，应瑞典皇家工程科学院的邀请去瑞典访问两周，那时国内对“文化大革命”还仍未完全否定。这么多年，我们只是从报章间接获得国外情况，且多属国外广大劳动人民被压迫的负面消息。现在眼见为实，思想上受到很大震动。

瑞典的高福利简直令人难以相信，人们可以无忧无虑地生活。有了孩子，父母双方均可获得津贴；孩子完成了九年义务教育后继续深造可获得学习津贴；生病能享受病假补助，相当于工资的75%～100%；医疗费和经医生之手的药品开支，大部分由国家承

参观瑞典的大学实验室

图中右二为张维，右一为陈肇元

担。显然，这种情况需要国人的道德和文化素质水平普遍较高才能维持。我们访问了瑞典的几所著名大学，最远的到达瑞典北部尚成立不久的尤利奥大学。在回国途中路过苏联，见到的供应紧张、物资短缺现象，与瑞典形成鲜明对比。

1983 年 4 月，我作为教育部选派的访问学者到美国伊利诺伊大学一年，去那里的目的主要是希望具体了解美国在防护工程领域的研究成就，遗憾的是，美国当时最著名的力学家和结构工程与防护工程专家 N. Newmark 教授已去世一年，不过他的弟子 Siess 教授等尚在。伊利诺伊大学土木工程系的系馆就以 Newmark Laboratory 命名。系内专门设有 Newmark 著作的一个图书室。在那里，我学习和见识良多，了解到美国防护工程的一些设计方法，而我国则有许多是从苏联那里学来的。

1985 年、1991 年和 1995 年，我三次访问日本，每次约两周。最后的一次是应日本防卫大学校长的邀请去讲学，具体内容由学校的土木工程系主任加藤教授安排，主要是高强混凝土和抗爆结构，听课的是土木工程系的学员。防卫大学的学生免费上学，穿黑色制服，毕业后在部队服役。我不懂日文，只能用英文讲课，内容主要

陈肇元院士与日本的防卫大学校长和土木工程系主任合影

是防护工程的基本知识与高强混凝土技术，也不清楚他们能听懂多少，因为极少有提问的，好在印有英文讲义。

到德国两次主要是参加美国和德国轮流主办的国际会议——International Symposium on the Interaction of the Effects of Munitions with Structures，内容主要是常规武器与结构的相互作用。到法国等其他中欧国家访问也是参加一些学术会议。

去我国台湾三次则是应台湾大学和淡江大学等邀请。在淡江大学讲学，我主要介绍了高强混凝土技术并出了一本专著，作为第115号淡江讲座丛书。此外我到香港三次，也是应香港的高校邀请去交流和讲学，接触较多的是香港理工大学，还为他们编印了讲义 *Design and Construction of Reinforced High-Strength Concrete*。

1992年10月14～16日，以中国土木工程学会常务理事的名义，我在清华大学校内主持了一次会议 International Workshop-Blast-Resistant Structures，到会的有德国、瑞典、日本、苏联等多国的专家及国内相关部门的研究人员，印刷了会议文集，收录论文28篇。

第十二章

地下工程设计与施工

20世纪90年代，国内工程建设的规模越来越大，高层建筑的基础施工和各城市地铁大量兴起，我开始着手参与地下工程的设计与施二。其实在从事防护工程中早已接触到地下建筑，现在只是研究的对象和承受的外加荷载有所不同。

这项工作从我参与广州地铁一号线的地铁车站施工开始。一号线共有16个车站，其中14个都浅埋地下，施工时均采用明挖基坑方式。当我们受邀参与广州地铁一号线建设时，车站的设计与施工已基本完成，要我们做的工作主要是地下车站基坑开挖工作的复核、总结，参加这项工作的是我和崔京浩老师，以及两个研究生，我们住在广州约有一年多。一号线的工程地质和水文地质情况相当复杂，由于每车站的长度多达200～600米，因此即使同一车站范围内的地质条件也有明显差别。这在国内京、沪等其他城市是几乎没有的。

我们递交给广州地铁的总结报告很多，有《深基坑支护技术综述》《广州地铁14个地下车站基坑支护调查报告》《广州东山口地铁车站设计方案优化论证》《广州东山口车站结构计算分析报告》《广州地铁公园前车站换乘节点施工阶段内力分析及工程措施》《广州地铁公园前车站结构计算分析》《广州地铁基坑土钉支护设计与施工条例》《地铁车站水压折减系数试验研究》《地下结构的外水压力》《国

陈肇元与研究生一起在广州的基坑工地

内专家关于水压折减系数的观点评述》《高性能混凝土在广州地铁车站中的应用》等，总计约50万字，只是现在已没有精力将这些报告重新整理并和其他与地下工程有关的文章一起补充出版了。

陈肇元出席深基坑土钉支护报告会

有了这些经验，我们参与了国内较早兴建的上海人民广场和沈阳两个大型地下工程建设及天津等几个大型车站的设计讨论和咨询工作，并与总参工程兵第三研究所合作进行了土钉支护的研究与推广。我还出版了专著《土钉支护在基坑工程中的应用》，编写了《土钉支护设计与施工指南》与《土钉支护设计与施工规程》(CECS96 : 97)，并与崔京浩、宋二祥等老师一起在《地下空间》《工程力学》《工程力学（增刊）》《工程勘察》《建筑技术》《岩土钻凿工程》等杂志上发表了不少有关基坑支护和土钉支护方面的文章。

第十三章

工程救灾与公共安全

工程灾害主要包括地震、飓风、洪水、火灾、爆炸及恐怖袭击等，其中最主要的是地震。

自20世纪以来，我国共发生过6级以上地震800余次。在20世纪中期，全球大陆发生7级以上的地震有35%出现在我国，三次8.5级以上的特大地震中两次出现在我国。20世纪我国死于地震的人数约占全球地震死亡总数的53%。自1949年新中国成立至汶川地震前，在因各种自然灾害死亡的人数总和中，因地震死亡的人数也超过半数，约占54%。

这些数据令人触目惊心。灾难过后，人们不禁要反思的是，为什么同样是7.8级地震和100万人口的城市，唐山地震导致24万人丧生，而在九年以后的智利瓦尔帕莱索城地震仅有150人失去生命？

地震的震级，表示地震发生时释放的能量的大小，而地震的烈度则表示地震影响区内对建筑物的破坏程度。离震中越远，烈度就越小。地震发生的时间、地点和震级大小均很难预测。按当前的科学水平，也很难在可预见的将来就能作出可靠的地震预报。为了减少地震造成的损失，目前能够采取的最现实和有效的途径，只能是加强建筑物与各种重要基础设施的抗震能力，防止房屋倒塌或不至于很快倒塌，使群众有足够时间逃生。万一遇到不可预见的大地震时，也要将倒塌的房屋数量降到最低，将震后的被动救灾费用降到最少。

正确规定一个地区的烈度大小，除要考虑当地历史上曾有过的地震大小外，还要照顾到当地的经济条件、人口密度、震害后果等多种因素。历史经验表明，建筑物完全可能遭遇比设防大震更大的烈度。1966年邢台地震实际遭受的烈度破坏作用比设防大8倍，1975年海城地震作用比设防大8～32倍，1976年唐山地震比设防大

32 倍，2008 年汶川地震也比当地设防大 8～32 倍。地震烈度提高一度，表示破坏作用要翻一番。

要抵抗不可预计的地震或爆炸、恐怖袭击、人为错误等不可预估的破坏作用时，如何能在发生严重破损的情况下不倒塌，特别要防止发生局部破坏引起的多米诺骨牌那样的连续倒塌，这才是最值得研究的减灾策略。我国因地震死亡的人数远远超过其他国家，除了我国人口众多和广大农村地区事实上并无地震设防要求外，主要在于对群众地震预防的认识不足和措施不力。

我国房屋建筑对飓风和台风的设计抵抗能力也明显不足，尤其是飓风和台风的风速与地区的局部环境条件有关，而规范所规定的设计风速只是大地区，未能照顾到局部小地区的环境，后者其实应由当地有关部门经调查历年的最大风速后提出规定。

我对防震没有作过很多研究，因为高强混凝土的脆性较大，不利于抗震，我只是重点针对高强混凝土在抗震的问题做了一些构件的反复加载实验并培养了几名研究生。此外，我参与了几次地震调研，汶川地震后，钱稼茹教授邀我一起编了一本《汶川地震——建筑震害调查与灾后重建分析报告》，由中国建筑工业出版社出版发行。

至于防火，1990 年 2 月，盘锦军分区的一个五层（局部六层）大楼，因与之相连的厨房发生燃气泄漏，有人点火吸烟，引起燃气爆炸，引发这个砖混结构（由砖砌墙柱、混凝土楼板混合的结构）房屋发生整体倒塌。这是我首次接触与火灾有关的事故详细调查分析，分析结果推翻了当地有关调查部门认为是炸药爆炸引起的结论。2003 年湖南衡阳也发生一起 9300 平方米的九层大楼因局部失火引起一半的大楼连续倒塌。我们到了现场与长沙理工大学的研究者一起，书写了详尽的分析报告和调查鉴定书上交有关部门。2003 年 1 月，山东章丘也发生一起五层楼房因燃气泄漏爆炸发生倒塌的事故，21 人遇难。

2003 年 3 月下旬，公安部聘请我和我校公共安全研究中心主任范维澄院士及其他外单位的三位院士作为公安部的灭火救援专家组顾问，为期五年。我便有了全面了解国内灭火救援的信息和现状的机会。专家组的组长是消防局的陈家强局长，我多次为外地消防部门的技术人员讲授有关消防技术的课，编写了讲义，受到听众的欢迎。

此外，我还担任清华大学公共安全研究中心的学术委员会主任。凡影响人民群众生命财产安全和国家安全稳定的都属于公共安全，如重大自然灾害、重大交通事故及恐怖事件等。我对这项工作很有兴趣，只因 2007 年以后我的心脏病逐渐加重，已很难从事反恐等新的领域的工作。2008 年我又得了一场肺炎住进危急病房险些丢命，原有的偶发性房颤疾病转变为永久性，很快发展成三级心衰，不可能再像过去那样工作，于是开始将研究内容转为建筑结构的使用寿命。

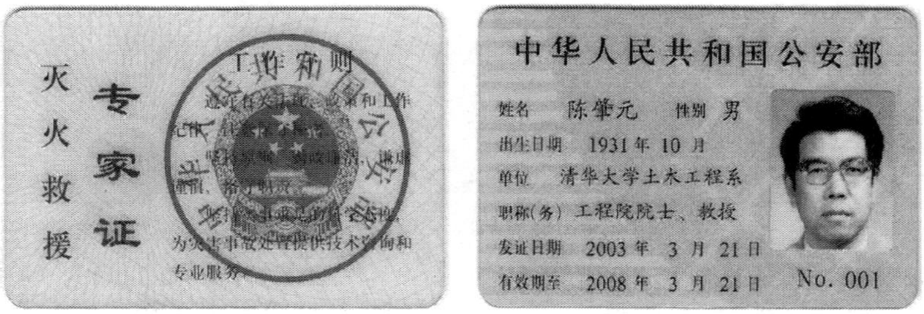

陈肇元任公安部消防局顾问证

第十四章

为延长结构工程的使用寿命竭力呼吁

回首过往的清华岁月，我在土木工程系近65年的工作中，除教学外的大部分时间都花在科研上。从20世纪90年代中期开始，我的体力已不允许我继续工作在需要繁重体力的实验室，所以我开始将主要精力转移到分析国内土建结构工程的安全性与耐久性现状及其存在的严重问题，并研讨混凝土结构安全性与耐久性的设计方法，推动国内工程界对结构耐久性的研究，并多少引起了相关部门对这个问题的关注。

工程结构的安全性、耐久性和适用性，最后都体现在它的使用寿命上。我对结构工程领域的长期研究使我逐渐领会到结构实际使用寿命问题的重要性。一个建筑物主要由承重的结构、非承重的建筑部件（如门窗、隔墙等）、建筑设备（如水暖电等装备）三部分组成。建筑部件和建筑设备的使用寿命一般较短，但能够定期更换，唯独建筑结构（包括梁、柱、承重墙、基础等）坏了，就较难置换。因此一个建筑物的使用寿命，主要取决于主体结构的寿命。

新中国成立前和新中国成立后不久在上海和北京等城市正规设计建成的房子，除非被人为拆除的，其他到现在基本上都保存完好，而1954年以后盖的房子则多已破旧不堪，有的甚至不到30年就要大修，较少有不需大修就能使用超过50年的。至于露天的桥梁，寿命就更短了。

必须要指出，所谓一般建筑物的设计使用寿命是50年，并不是到了50年就该拆除，而是在一般的日常维护或小修条件下，究其群体来说至少应有95%的房子到了100年也不需要大修。也就是说，设计使用寿命是含有安全系数或保险系数的，这个系数在国际上都定为2左右。正如我们见到的那样，其他国家按50年设计使用寿命的房屋结构基本可用100年，可是到了我们这里就做不到。这样，

陈肇元（前排左五）到各地宣讲混凝土结构耐久性和延长结构使用寿命

老百姓承受不起，再说我国资源有限，国内一些地方现在连砂石供应都感到困难。所以延长建筑物的使用寿命，应该就是现在大力提倡的所谓要建“绿色建筑”的首要要求。可是我们现在照抄外国的“绿色建筑”说法，却在绿色建筑中不提使用寿命要求。殊不知国外的建筑结构设计标准要比我国高许多，建筑物的使用寿命问题早已解决，所以他们可以将建筑物使用寿命排除在绿色建筑之外，而我国恰好相反。

既然建筑物使用寿命是其结构安全性、耐久性和使用性能的综合体现，所以首先要提高结构的安全性和耐久性。解决这个问题必须从提高我国的设计规范要求和树立人们对设计规范的正确认识着手。

我国的结构设计规范存在许多认识误区，并且已经给新中国成立后和近年建成的土建工程带来众多隐患。其中之一就是不顾社会经济发展的现实和需要，在现代化建设中固守过去备战、备荒年代里的工程结构设计在安全性和耐久性上的低标准，用来打造现代化的土建工程。结构的安全性无疑最为重要，它失效的后果就是建筑物的塌毁与家破人亡。结构的耐久性是结构能够抵抗环境作用的能力，如雨水、冰冻、空气等正常大气作用和接触含有盐、酸等有害化学物质的水、土和大气的侵蚀作用。耐久性的失效就是结构使用寿命的终结。

对于结构安全性，可以先回顾一下近年的地震灾害。例如，四川汶川县发生8.0级特大地震，波及四川、甘肃、陕西等10个省市，受灾面积超过40万平方千米，遇难和失踪人数分别达到近7万和1.8万，600多万间房屋倒塌，其中多数是砌体-木屋盖建筑和砖混建筑，还有少量的钢筋混凝土框架建筑。房屋倒塌是地震造成人员伤亡的最主要原因，提高工程结构的抗倒塌能力，是我国急需解决的问题。

在各种灾害发生后，能够全力动员各种力量轰轰烈烈地进行抢险救灾，但也不能忽视对将来可能遭受的地震预测。如果像有的国家那样，对于可能发生大震的城市进行不定期的群众性地震演习来提高人们对灾害的警惕和了解逃生方法，在我国又怕会引起人心惶惶，不利于社会稳定。

本来一个建筑物需有怎样的安全性水准，应由设计人员根据业主的具体需要共同商定，而设计规范规定的要求本应是国家为保障民生的“最低限度要求”。可是现在的设计单位仍往往按规范的最低限度要求进行设计，无疑会损害到一些工程的质量。现在的住房和室内财产都已基本属于私有，而建设部和国家计委（即国家计划委员会，现为国家发展与改革委员会——编者注）1989年发布的《新建工程抗震设防暂行规定》明确提出，“各部门、团体和个人不得随意提高或降低”规定的设防烈度，这一规定“暂行”到今天仍未见明文废除。如果设计者只能按强制规定的设防烈度设计，而业主要求更高的安全标准不被允许，万一强度超过设防烈度的地震来了，个人房产损失了，则“暂行规定”的主管和制定部门是否从法律和道义上都应承担责任？令人百思不得其解的是，为何规范的主管部门总是不肯明示规范中的要求只是最低要求，而业主和设计人员理应按照工程的实际情况和需要，有不少是须按高于规范最低要求的标准进行设计的。

设防烈度和规范的制定部门可能会辩称他们制定的设防要求还是合适或基本合适的，但问题就在规范中的“大震不倒”是相当模糊的概念。所谓“不倒”是一个都不能倒，还是允许到多大比例就可算不倒？反正房子已经倒塌了，是设计规范的低标准问题，还是设计或施工质量问题，往往很难说清楚。作为相关单位，除非牵涉到的问题实在太大而难以掩饰，为维护本部门的权威或声誉，不免自以为正确。可是无法否认的事实是，我国按规范要求正规设计的建筑物在地震作用下的倒塌比例要远远大于其他国家。即使有施工质量缺陷的原因，那么设计规范的主管部门在制定安全标准和要求时，是否就可以完全不考虑在当今社会和经济的历史转型期内所产生的管理上的欠缺，还有现场施工的广大工人其实是未经业务培训的农民兄弟，所以更应适当提高安全性要求。

社会进步了，除了更要保障人民生命安全外，还要照顾到地震造成的经济损失。在国外的几次地震中，虽然建筑物倒塌很少，但经济损失巨大。1976 年唐山地震由于经济尚不发达，直接经济损失 60 亿元人民币，而 1989 年美国加利福尼亚州的 Loma Prieta 地震，死了 3 人，直接经济损失达 100 亿美元；1994 年美国 Northbridge 地震，死了 61 人，经济损失 300 亿美元；1995 年日本阪神地震，死了 5250 人，经济损失约 1400 亿美元。几年前，台湾省的一个土木工程专家送我一个光盘，记录了 *Discovery* 电视频道放映过的由专业人士完成的一部片子，模拟美国纽约万一遭受大震时的惨状。我们的政府部门是否也可赞助设立一个研究项目，模拟现在的北京如果重遇 1679 年康熙统治时曾遭受过的那样 8 级大震会成为什么样子。据记载，那次大震的震中离北京城中心仅几十千米，城垣坍毁无数，宫殿民居十倒八九。这个问题或许并非妄想，因为上次大震距今已有 300 多年，谁也无法证明地震能量的积累不可能再次爆发。这种科学的形象模拟情景或许可以提高我们和各级政府的决策领导部门对地震预防重要性的认识，能够更多地着眼未来，不局限于眼前个人和部门的得失。对待地震要像对待疾病一样应该重在预防。当然，预防和救灾两者都要做好，不能偏废。

房屋结构安全性的另一方面，是结构在人员、设备重量和风雪荷载等“一般荷载”作用下不致破坏的能力。我国早期的房屋结构设计标准是学习第二次世界大战后的苏联规范得来的，它适应当时饱受战争重创的苏联为迅速恢复重建的急需，在结构设计的安全性设置上采用低标准，这也符合我国新中国成立后的政治经济情况。可是 50 多年来，这种低标准在国内的规范中基本上没有变化，现已完全不能适应当前国情。

形势的主要变化有三点：第一，结构的造价在整个建筑物中所占的比例越来越低，如果多放一些钢筋，将房子设计得结实些，增加费用极其有限。至于大城市内的高档房，甚至可忽略不计。第二，出于可持续发展的需要，建造建筑物需要的砂、石、水泥等都来自不可再生的有限资源，生产水泥、钢材等材料既消耗能源又造成各种污染，所以延长结构的使用寿命、提高结构的耐久性，是节约资源和保护环境的具体体现。第三，房屋建筑已成为商品，这也许是最重要的变化。老百姓买房总是希望房子越结实越好，何况提高结构的安全性并不会过多增加费用。

清华大学有一个家属区，盖好后有的住户自搞内部装修，铺设了较厚的地面砖，居然会将钢筋混凝土楼板压裂，结果只能被勒令拆除地面砖。如果将楼板设计得结实一些，即使将楼面使用荷载的设计值比现有标准提高50%，也只需在楼板里多放几根钢筋，每平方米增加的费用用不了几元钱，多花一点小钱，有个结实牢靠的楼板，能让用户住得放心，用得更随意，这又有多好。

结构承载能力的安全性主要取决于设计时取用的荷载标准值和

赋予的安全裕度。我国结构设计规范对房屋建筑中的楼板能够承受的使用荷载在新中国成立后一降再降，从 20 世纪 50 年代末的“大跃进”至今，按我国设计规范规定的每平方米楼板在考虑了安全裕度以后所能承受荷载的能力，对商场、戏院等公共场所楼板的要求只有欧美等国家要求的 60%左右，对办公室、宿舍等的要求只有国外的 45%，仅在 2000 年以后提高到 62%；尤其是房屋中的公用楼梯、通道及阳台等有可能在紧急情况下出现极度和需要逃生救援等场所的楼板，与国外相差达一倍以上。又如公共场所的栏杆，人员拥挤时能承受的水平方向推力低到只有国外要求的 1/3。

安全事故往往由多种因素凑在一起造成，豆腐渣质量及各种天灾人祸常是直接原因或主要诱因，但也往往隐藏其他因素。可是我国对于处理工程事故的常规做法，就是局限于追究事故责任人的责任。如果是自然灾害，谁也没有责任，极少进一步分析深层次的技术或管理的原因，并及时反映在技术规范或管理规章的修改上；如果是人祸，处分有关的责任人员以后也就完结，于是等来的是下一次的类似事故继续上演，所以很难根治。

这些问题的原因与技术规范的作用在我国严重错位有关。由于技术规范被视作技术人员的“法律”，当出现工程质量安全事故时，有关的行政管理和行政执法部门就以是否符合技术规范的规定作为是非依据。当告到法院时，法院对于属于民事纠纷的这类诉讼，也多参照技术规范作出判决。这就奠定了技术规范至高无上的地位。凡是满足规范要求的都没有错，凡是规范没有规定和提出限制的，各种偷工减料的技术措施都敢做。在工程质量安全事故面前，技术规范既然作为裁判，怎能与事故发生干系？更谈不上规范还要通过事故教训来提高自己的水平。其实不少事故的发生就与规范内容与规范管理上的缺陷有一定关系，单纯用技术规范的要求来判断工程事故责任，甚至有时可能颠倒是非。

我曾多次向政府部门和设计规范的编制部门呼吁要提高设计规

范中低安全度要求，并建议设计规范宜逐步转交给学会和协会编制，并由政府委托的专设机构批准，这样也有利于精简政府机关人员，但至今未能如愿。1999 年 7 月 26～27 日，建设部标准定额司在京召开了两天会议，到会的有副部长、部总工程师，各地大设计院部总工及高校和科技部门的专家共 45 人，专门讨论结构安全度设置水准问题，会上几乎全部人员都认为当时设计规范中的可靠度可以保证结构安全，出现的质量事故与可靠度无关，会上持明确反对意见的仅有我与刘西拉教授两人。我是一直反对用可靠度来衡量结构的安全度，如果用可靠度来衡量，我国的结构与美国结构的可靠度几乎相同，但用安全度衡量，那就差好远了，几乎要低 40%。安全度用安全系数表示，如安全系数是 2，就能直截了当地表达大概可承担两倍的设计荷载；而可靠度 β 对于 1.8，恐怕没有多少人能够说出结构有多可靠的概念来。这次会议所定的调子的不良后果显而易见，等待我们的将是低安全质量的建筑结构继续修建。

进入 21 世纪后，混凝土结构设计规范在安全度设置水准上总算有了一些提高，只是提高得很不够，而且规范要近十年才修改再版一次，实在太慢，跟不上建筑技术的快速发展，所以反过来可能会成为新技术发展的阻力。

我期待在有生之年，尚能见到技术规范的编制与建筑工程管理制度会有一个根本性的改变。

回顾在清华大学工作的 65 年，我能够在科研上取得些许成绩，最主要的一个原因是能够紧跟工程建设的发展需求并预估到需求的所在；另外，在工作中我可能比一般人要多花些力气。从事工程技术而非单纯从事理论探索的人，还是更要紧跟所处时代的需求。

附录 | 一 |

代序、会议发言及书信选录

一、《沈聚敏教授论文选集》序

沈聚敏教授（1931—1998）自同济大学毕业分配到清华大学参加工作起，毕生精力都献给了清华大学土木工程系的结构工程专业。在20世纪70～90年代，他是系内混凝土工程学科、工程结构抗震学科和防护工程学科的主要学术带头人。沈老师为这些学科在清华大学的发展、提升和创建，以及结构工程专业的研究生培养做出了很大贡献。1976年，随着“文化大革命”结束，学校逐渐恢复正常教学科研秩序，百废俱兴，土木工程系在1978年成立了抗震抗爆研究室，1983年成立了结构工程研究所，1986年国家教委在全国高校成立了第一批共七个重点开放研究实验室，设在清华校内的有两个，其中的一个是结构工程与振动重点开放研究实验室。沈老师先后担任了上述机构的第一任主任、第一任所长和第一任重点开放研究实验室主任。所有这些工作都为土木工程系结构工程学科的持续发展起到了奠基铺路的作用。

1998年，沈老师赴国外参加国际会议后，在美国停留期间突发脑出血去世。今年，正值他离开我们十周年，土木工程系工程结构研究所和实验室的同志，以及沈聚敏教授的学生们在他夫人张梅丽老师的帮助下，收集了沈老师当年书写的或在他指导下共同完成的科技论文、报告，编制了这一纪念文集，以表达吃水不忘挖井人的一点心愿，由于篇幅所限或有些论文不易找到，文集只收录了沈老师论文和报告的一部分。当然，出版这本文集的主要目的，还是为了读者们能够更方便地了解、阅读并共享他的成果，而其中有许多是无法通过现在的因特网或公共图书馆获得的。沈老师还有不少论文报告属于防护工程领域，涉及密别限制无法收入，更有一些研究报告因历史原因而丢失。

沈老师留给我们结构工程专业工作人员的不仅是他的研究成果，还有作为一个教师和学者的学风道德和为人。他和我同在 1952 年到土木工程系工作，开始时不在同一教研组。三年后，他被派去学习俄语，随后即留学苏联。1961 年回国后，正逢当时土木工程系结合战备形势与部队协作，集中一大批教师、试验技术人员和技工，开展防护工程研究。沈老师与我都被作为业务骨干进入防护工程课题组。以后的几十年，沈老师和我一直工作在同一基层研究室内，同舟共济，随着全国大形势的激烈变化而一起沉浮。也可能由于家庭出身背景相似，既非地主老财，也非劳苦工农，小时候受的都是孔孟之道的教育，中学时代目睹国民党统治的腐败并接触到进步思想，工作后又深受苏联科技学派的影响，所以对一些问题的看法相似；再加上同庚、同乡，自然又多了一份亲近感，相互合作，无话不说。

我能深切体会沈老师在学术上的严谨刻苦精神，他在基础理论及其运用自如上出类拔萃，留学苏联时深得混凝土结构理论与板壳极限平衡理论的真谛，回国后迅速转到防护工程领域，成为课题组中地下结构受核爆炸冲击波荷载下动力分析与动力设计方法研究的领头人，成果很快被转化为工程实用设计方法和手册得到广泛应用。1976 年唐山大地震后，他又迅速进入房屋结构抗震研究，他及他带领的一些研究生所完成的钢筋混凝土结构地震反应分析与结构恢复力模型的理论与试验研究成果，为后来的同类研究起到了引领的作用。他对研究工作的高标准、严要求也反映在他的研究生论文里，对全系研究生培养起到表率作用。老沈鄙夷研究工作中的浮夸吹嘘，痛恨那种在学位论文写作中要求研究生必须自吹自擂若干点创新和填补国内外空白之类的标准化程式。他为人谦和低调，但绝无趋炎附势和随人俯仰之态。从性格看，如果今天再要他担任一摊科研班子的头头，他大概是干不了的，也绝不会接受。他善于干活出成果，但绝不肯而且也不懂得如何能够绕弯子、拉关系、跑路子去弄项目任务，以养活并维持这个班子。

沈老师的过早离职和去世，是清华大学土木工程系的重大损失，他本应能做出更多贡献。作为工程教育科技工作者，在今天科技高速发展的年代里，业务上的成就会有后来者继承并发展而青出于蓝，但是作为一个知识分子的严谨治学风范和应有的自尊心是不能缺失的。我们怀念聚敏同志，更要学习他的这种精神。

2008 年 4 月

二、蔡绍怀教授的《现代钢管混凝土结构》一书代序

近20年来，钢管混凝土结构在我国得到了广泛的应用，在高层建筑、桥梁、地下结构及港口工程等建设中取得了重大的效益。钢管混凝土结构虽然已沿用了百年，但在近年的突起则与现代混凝土技术有关。高强、高流态可以免除振捣的现代混凝土技术，解决了混凝土填入钢管中的困难；而从力学性能上看，高强混凝土与钢管一起承压可以说是最完美的结合，堪称充分发挥各自特色的典范。现代钢管混凝土能在我国迅速发展，其根本原因固然在于这种结构自身的优异特点和当今大规模基础设施工程建设的客观需求，但如果国内没有众多的科技人员能够长期潜心于研究、开发、宣传并推广这一技术，恐怕也不会有今天这样的可喜成绩。本书作者蔡绍怀教授作为我国钢管混凝土结构领域的开拓者和领头人，多年来为现代钢管混凝土在我国的应用、发展、推广做出了最杰出的贡献。本书出版肯定将进一步促进钢管混凝土的应用和普及。

我国在钢管混凝土领域取得了很大的技术成就，比如，在结构承载力设计理论与设计方法上建立了完整的设计计算方法体系，在构造和连接方法上发展了不少新颖的节点型式，在大型钢管混凝土桥梁的吊装就位技术上也创造了独特的工法。中国是发展中国家，在土建工程领域中真正能与发达国家抗衡的先进技术还很少，但钢管混凝土应是其中之一。在现代化建设的大好形势下，钢管混凝土结构一定会迎来更为灿烂的明天。

我有幸与蔡绍怀教授相识，并在交往中深受教益。他年轻时留

学苏联，在结构极限平衡分析理论的创始人之一——苏联著名混凝土结构专家格沃兹杰夫教授指导下从事研究工作。他回国后在设计院工作，后又长期在中国建筑科学研究院从事混凝土结构研究，尤其在约束混凝土、钢筋混凝土极限荷载分析、混凝土局部承压等领域有较深的造诣。本书在理论上深入浅出，易于理解并重在应用，给我们的启发是，要写出这样的著作，如果不像作者那样兼有丰厚理论功底与工程设计实践，是很难做到的。我们从该书中不仅可以获得钢管混凝土设计与施工的系统知识与方法，而且还能受到作者严谨科研作风的感染。

在蔡绍怀教授面前我是后学者，对钢管混凝土的深入理解更不及他的万分之一。人民交通出版社将这一书稿送我阅读，才得以先读为快，在这里说些读后的收获与感想并热烈祝贺本书的出版，同时希望出版社能继续出好这套颇有创意的结构工程书系，因为开头的一本就是这样一部精品。

2003年4月15日

三、陆赐麟教授的《现代预应力钢结构》一书代序

钢结构自20世纪50年代问世以来，历经初期探索和不断实践，特别是在近20年来与高强钢索、纤维增强薄膜等新型材料和大跨度空间结构结合之后，现已发展成为工程结构中的一朵奇葩。将预应力引入钢结构，能使钢材的拉、压强度同时得到充分利用，还能调节结构的刚度，有效节约钢材，增加结构稳定性，减少结构变形。预应力钢结构家族中的索膜体系、吊挂体系和网架网壳体系，还以其新颖、奇巧的建筑造型，有着强烈的美感，在当前的大规模工程建设中有着相当广阔的应用前景。

在结构工程界，人们比较熟悉的是预应力混凝土结构，但对预应力钢结构的了解却并不普遍，甚至不清楚预应力钢结构为何物。我国过去的钢材供应长期短缺，钢结构很少使用，而现在则已完全不同。面对建筑钢材供应的大好形势，当前深感钢结构人才与技术的匮乏，以及理论和经验积累的不足。为了促进钢结构在中国的应用，发挥钢结构在工程建设中的特有优势，尤其是预应力钢结构这样的崭新发展方向，就必须加强宣传和介绍。所以该书的出版非常及时，该书既是工程师得以更新知识的继续教育用教材，又是具体指导预应力钢结构设计施工实践的实用参考书，对于推进预应力钢结构技术在国内的应用定将起到重要作用。

这本书的主要作者陆赐麟教授是国内最早从事预应力钢结构研究的学者。他从20世纪初到清华大学工作起就热衷于预应力钢结构技术，不久受派留学苏联，在著名的苏联中央建筑结构科学研究

院深入这一领域的研究。60年代初回国后，继续在清华大学工程结构实验室进行预应力钢结构的试验研究。直到现在，他始终不渝钻研推广预应力钢结构已达半世纪之久。他提出的多次预应力理论与方法，是对预应力钢结构学科的重要贡献，并被收入苏联曼列尼可夫院士主编的《金属结构世纪手册》中。多次预应力技术现已在国内的大跨度钢结构工程中得到成功应用。这本书的第二作者尹思明高工是多次预应力网壳屋盖的首位设计主持人。我们可以从该书看到作者对预应力钢结构的精辟分析与描述，以及工程设计实践的经验总结，如果没有长期钻研积累所达到的深邃造诣，是很难做到这一点的。

陆赐麟教授当初和我一起进入清华大学当助教，相知共识50年，他在预应力钢结构上表现出来的对专业工作的执着追求与不倦努力，还有他为人的豁达与乐观，一直是我学习的榜样。现在读了这本书，又从中学到了许多新的知识。我们可以从预应力钢结构的经济、高效与型式上的绚丽多彩，感受到结构创新的魅力。

作为结构工程师，我们有幸生活在今天的中国，举世无双的建设规模为我们提供了千载难逢的机遇。我们应该能为结构工程学科的发展做出应有的贡献。为此我们应该努力学习，摆脱多年来形成的结构设计习惯于套着设计规范和现成模式描红的习俗，提倡结构体系的创新和新材料、新工艺的应用，取得结构功能与经济的高度统一。

2003年8月

四、过镇海教授的《常温和高温下混凝土材料和构件的力学性能》一书代序

过镇海教授是我国结构工程界的著名学者，他长期从事混凝土结构的科研与教学工作，发表过多本专著和大量论文，并积极组织和参与相关的学术活动，对推动我国混凝土结构工程学科的发展起到了很大的作用。

这本文集选编了作者在混凝土结构几个重要研究方向上的论文和报告，反映了他从 20 世纪 50 年代以来不同时期所从事的主要研究工作概貌。这些论文有的曾在刊物上公开发表过，但受期刊篇幅之所限，而在这一文集内就能见到更为详细的数据和完整的阐述；也有的论文在当初发表时的印数很少，现已难以寻觅，这次重印得以解决一些读者的需要。例如，文集中编入的《钢筋混凝土肋形楼盖实测研究》一文，是作者在 60 年代对北京一幢砖混结构办公楼的性能测试研究，它真实地揭示了砖混结构房屋的实际工作性能与理论计算之间可能存在的重大差异，是一项很有价值并对工程设计人员极具启示性的研究成果，却只在清华大学土木工程系的一本交流资料中刊载过，知道的人非常少。

我们在这本文集中可以看到，其中的许多研究内容，如叠合梁的性能、混凝土应力应变全曲线及其试验方法、混凝土真三轴试验装置的研制、混凝土在多轴受力下的性能、混凝土材料及其构件在高温下的试验与分析等，都是国内在这些研究方向上最早进行并最早取得的成果。作者的这些工作起到了先导的作用，并为后来的研

究者广泛引用。

这本文集不仅反映了作者在学科领域上的贡献，也体现了他严谨治学、联系实际、脚踏实地、深入实验的作风与理念。为了获得混凝土在复杂应力状态下的本构关系，过镇海教授靠的并不是进口设备，而是利用实验室内一台极端老旧的普通压力实验机，经过改装并与校外的液压专业技术人员合作，共同研制出国内第一台可以在三轴方向上同时进行拉压的真三轴实验装置。为了从事火灾下混凝土及其构件性能的研究，也是自行研制多个高温炉设备。因此在清华大学的工程结构实验室内，有许多基本的实验装置都是过镇海设计的，参与实验研究的教师也多自行研制加载或量测工具。可惜这种自力更生的精神如今逐渐淡薄了，年轻人中愿意在实验室内摸爬滚打的人也越来越少了。像混凝土结构这样的研究对象，如果不是通过实验，不在实验或工程实践中踏踏实实地干，仅靠计算机的虚拟或理论上的演绎，恐怕难以得出可用的成果。从过镇海教授的实践中，也许我们可以体会到这一道理。

我有幸与过镇海教授共事几十年，他身上有许多东西值得我学习。在他辛勤耕耘混凝土结构领域正值半个世纪的时刻，我衷心祝贺这一文集的出版发行。

2004 年 7 月 13 日

五、《结构诊治和安全控制技术会议论文集》代序

据不完全统计，我国现有工业与民用建筑面积已超过400亿平方米，现在继续以每年新建约20亿平方米的速度增长，至于在役的各种构筑物及桥涵、港工与地下工程等更是难以计数。这些按正规要求设计、施工建成的工程结构所具有的安全性和耐久性水平应该说比不上其他国家。这是从总体作比较，并不是说国内没有一些工程的质量低于国际一般水准，其中也有超过的。

造成质量低下的原因可以举出很多，主要有以下四点。

1. 结构设计规范对工程质量的低标准要求

以公共场所楼板在使用荷载下的设计承载力（计入安全储备后）为例，若以新中国成立前和新中国成立后的初期为1，则在全面学习苏联的号召以后（1953年左右）降为0.79，1955年随着苏联规范的更新降到0.69，1958年的全国“大跃进”加上批判苏联修正主义，到1960年又进一步下降到0.59。新中国成立后长期处于备战、备荒和物质极端缺乏的年代，当时采取这种低标准实在是不得已之举。但在改革开放以后，这种低标准并没有随着国力的增强、人民生活水平的提高、生命价值受到前所未有的重视等客观状况而有明显变化。再看办公室和宿舍楼板的设计承载力，新中国成立后也一降再降，到1960年竟降到约新中国成立前的0.47并维持42年之久，一直到2002年才提高到约0.62至今。不要以为其他发展中国家也和我们一样，这些国家独立后多沿用前殖民国家的设计标准。

2. 设计施工人员习惯于照套规范规定的最低标准

规范或技术标准所提出的要求本是最低要求，而设计与施工本应按照工程在安全性与耐久性上的实际需要，有时必须与业主商定采取更高的要求。可是国内的设计施工人员往往以为只要符合规范要求，即使出了事故也可以免责。这种认识也为某些开发商的偷工减料提供了可乘之机。问题之所以能延续至今，在于规范的管理部门一直不愿明确技术规范的要求只是最低要求的这一基本属性，并不愿在规范的前言条文中予以说明。

3. 工程建造中的高速度与非技术工人参与施工

这一现象主要出现在改革开放后掀起的大规模建设高潮中。作为廉价劳动力的农民兄弟，未经很好培训就成为施工队伍的主力军，而以往累遭批判的边勘察、边设计、边施工的“三边”行为，现在则已成为工程建设的常规。不少重要工程的建造工期往往是不了解专业知识的当地党政领导拍板确定的，无需技术人员参与咨询。这种做法不免使人联想到出于政绩的需要，也有利于工程投资方与开发商尽快收回资金。当然，出于国防等考虑，必要时进行“三边”建设无可厚非。

4. 工程建设中的腐败风

屡禁不止的腐败风已遍及从招标、购料、监理、检验和工程验收等各个环节，其对工程质量的重大危害不言而喻。

以上说的那些问题，无非想说明土建工程的从业人员，特别是从事结构诊治、鉴定和加固改造的技术队伍还会不断扩大，并有可能逐渐形成一个产业群体；对于结构诊治和安全控制技术，也肯定会提出更高的要求。不仅正在服役的工程目前已经不断出现结构损伤、老化和使用功能改变等诸多问题，而且正在建造和将要建造的工程，也有可能已经埋下或将要孕育这些后患的种子。

结构安全性的诊治工作似应更多关注结构的整体牢固性和耐久性。这两个方面在我们过去的结构设计中未能得到足够重视。我国的结构设计规范，严格说来只是一本结构构件的安全性设计规范，甚少提到如何从结构选型、布置、构件连接构造等具体措施来防止连续倒塌。正是结构的连续倒塌会造成人员的重大伤亡，如果整体牢固性良好，即使个别构件失效，往往还来得及补救、加固和逃生。结构的诊治、鉴定和加固，可能要比新结构的设计更为复杂，要更多体现工程对象的个性特点，要淡化我国结构设计规范所采用的那种方式方法。有的工程对象通过诊断以后即使不符合现行设计规范，也有可能并不需要加固；相反，有的结构构件承载力即使符合规范，很有可能仍要加固，如公共场所的楼梯与过道栏杆等，必须考虑紧急情况下出现人员极度拥挤的情况。而按我国规范设计的栏杆承受水平推力的能力，只有国际通用标准的1/3。在当前开展的对中小学建筑物进行大规模的安全诊治工作中，这些问题似宜重视。

我因故未能参加国家工业建筑诊断与改造工程技术研究中心在昆明举办的这次学术研讨会，很遗憾失去了一次能向与会专家和同行们学习的机会。国家工业建筑诊断与改造工程技术研究中心是由国家科技部于1993年组建从事结构诊治与鉴定研究的两个单位之一，也是我国早期从事这类技术工作的几个权威机构之一，尤其对工业建筑物的诊治技术与研究做出了重大贡献。期望这样的学术研讨会能够继续定期开下去，以促进结构诊治和安全控制技术水平的不断提高。研讨会的主持人惠云玲主任嘱我为这次会议的论文集出版写序，但限于缺乏结构诊治技术的实践与经验，写的内容难免有不足之处，冀望读者予以指正。

2009年10月

六、第九届《混凝土结构基本理论及工程应用学术会议论文集》代序

“混凝土结构基本理论及工程应用学术会议”自 1987 年 4 月在烟台以“约束混凝土和普通混凝土强度理论与应用”为主题召开第一届会议以来，20 年间以两年一届的形式已成功地举办了八届，这次第九届会议在西安召开。值此金秋季节，来自全国各地、各行业的同行有机会共聚古都，深入交流混凝土结构领域新的研究成果与工程成就，探讨学术与实践中存在的新问题与今后的发展。我们首先要感谢西安建筑科技大学为承办本届盛会所做的细致准备工作与辛勤劳动，感谢西北电力设计院、长安大学、西安理工大学、西安科技大学、西安交通大学、陕西省建筑科学研究院尽地主之谊一起协办此次会议。

过去的 20 年是我国工程建设以史无前例的巨大规模突飞猛进的辉煌时期。我国的水泥年产量在这一期间增长了六倍并突破 10 亿吨，占全球产量之半，可以说从来没有哪一个国家的混凝土结构工程建设经历过如此高速的发展，遇到过如此巨大的机遇与挑战，与此同时，也极大地推动了我国混凝土结构工程领域科学和技术的进展。本届会议能收到论文 300 余篇并选出 215 篇供会议交流，就是一个证明。

这些年来，国内在混凝土材料的本构关系、约束混凝土理论、钢管混凝土和钢-混凝土组合结构及混合结构体系理论及应用、混凝土结构抗震设计理论及应用等学科方向上取得了许多重要的研究成果，有些方面已赶上发达国家先进水平并具有中国自己的特色；

在混凝土结构新的体系和构造方法上，更是结合不同类型的工程，特别是大型公共和民用建筑、桥梁结构及冶金、电力、化工、海洋与港口等行业的特种结构，涌现了不少创新；在混凝土结构新型材料方面，高性能混凝土、纤维混凝土、FRP等的应用已相当普及，并有举世瞩目的重大工程应用成就，尽管这方面的研究水平与学术成果与先进国家相比尚有相当大的差距。

在取得这些重大成就的同时，我们也要看到存在的问题与严重不足之处。我们已建成的混凝土结构，暴露于室外环境中的使用寿命大概仅及发达国家设计的1/4；我们建成的房屋混凝土楼板，承受使用荷载（活载）的能力可能只有发达国家的1/2。国内大城市中近年建造的众多“标志性”公共建筑，其豪华奢侈的建筑外表与内在虚弱的结构骨架形成了强烈的对比。这种以全球最低的安全设置水准和耐久性要求，来构建将来要延续到发达社会的土建基础设施工程，难道是我们所需要的吗？

也许人们的思考和反应赶不上过快的工程建设速度。现在不少工程现场，刚出窑的水泥来不及冷却，进场的骨料来不及清洗，新拌混凝土来不及充分养护，施工质量没有足够的时间和良好的措施来控制。在工程设计上，也缺乏足够的时间进行深入勘察、方案比较与详细分析。原本为短缺经济与计划体制年代服务的结构设计规范、标准，也同样来不及脱胎换骨能更好地适应现代化建设和市场经济的需要。在这种情况下，我们从事混凝土结构工程的科技人员，可能要更加重视工程应用并研究探讨应用中的具体问题。

混凝土结构的最主要功能是承受外加的作用，即一般荷载作用、偶然作用和环境作用。随着社会进步和社会财富的积累，各种偶然灾害作用所带来的人员伤亡与经济损失越来越受到重视。近年来，随着人们的资源保护意识和可持续发展理念的觉醒，环境作用造成混凝土结构材料劣化的耐久性问题开始得到极大的关注。可是对于偶然灾害作用，我国的结构设计仅需满足规范规定的作用（如一定大小的抗震烈度），至于如何防范不可预见的偶然作用与重大人为错误所致的灾难性后果，在结构的整体牢固性要求上至今尚无具体规定和措施。与一般荷载作用和偶然作用下的结构安全性相比，环境作用下的混凝土结构使用寿命或耐久性问题更为严重，需要研究的问题和亟待改正的地方更多，从学科发展或工程应用上讲也更具有挑战性，期望能有更多的结构工作者投入其中。

我们的学术会议从召开之初，就强调混凝土结构理论研究要与工程应用密切结合，强调会议要有研究、设计、施工人员和年轻的科技工作者与研究生等广泛参与，强调会议的学术平等、自由讨论气氛。相信这样的传统一定会延续下去。负责组织这次会议的白国良教授嘱我为会议的论文集写个序言，盛情难却，除表达谢意外，感想所及，信口说了些不成体统的话，希望读者批评纠正。

2006年国庆日于清华园

七、在中国工程院抗震救灾座谈会上的书面发言提纲

玉树震后的抢险救灾再次表明我国党政领导下面对巨大灾害的迅速处置能力与对生命和民生的关怀，这次救灾还充分体现出对少数民族的关切与民族团结。但是对于重大灾害的救灾与防灾，我们更应采取防灾与救灾相结合并以灾前预防为主的策略。

地震造成的人员伤亡主要由于建筑物倒塌、山体滑坡、溃坝等次生灾害引起。现代科学的发展还远未达到能够准确预报临震的程度，甚至像玉树这样在历史上从无地震记载的地区，这次也发生大震。因此，提高建筑物等工程的防震能力，是目前能够采取的最为现实有效的减灾技术手段。

对于房屋建筑物来说，为落实以预防为主的策略，首先需要提高包括规划选址、设计等现行技术标准的抗灾要求，要有步骤地修编相应法规，并建立完善的防灾管理制度，按轻重缓急分不同地区、不同工程对象逐步实行。目前，建立完善的管理制度可能要比提高技术标准要求更为迫切。

要求大灾时总房屋结构完全不出现破坏并不现实。建筑抗震设计技术规范提出的建筑物“大震不倒”中的大震，只是比设防烈度高 1 度的地震作用，而新中国成立后实际发生的历次大震，对建筑物的破坏作用要比抗震设计技术规范的“大震”大到几倍甚至有数量级差别。所以，建筑物抗灾重点宜放在因灾害造成局部破坏而引发成大范围的连续倒塌，为此要提高建筑结构的整体牢固性，才是建筑物抗灾的关键所在，可是现有房屋建筑结构的技术标准至今并

无详细的对于整体牢固性的具体技术要求。

建筑物抗震能力还与一般荷载下的安全设置水准偏低有关，因为抗震设计是建立在后者的安全水准基础上的。此外，同样的设防烈度，我国设计规范所对应的基本地震加速度值也比国际通用标准低 20%。比如烈度 8 度，前者是 0.2g，后者是 0.25g。这些随着我国社会经济的快速发展都需要考虑改变。

居安思危，要在广大群众中宣传普及防灾减灾知识，包括抢险救援逃生的模拟训练演习。这是防灾管理措施中长期缺失但非常重要的一个环节。

土水建学部在上次汶川地震后提出的抗震咨询研究项目侧重在抗震的工程技术措施上，学部目前正进行的有关抗震的院重点项目是否可考虑将重点落在抗震的技术管理和组织管理上值得关注。

2010 年 4 月 29 日

八、聂建国教授《钢-混凝土组合结构原理与实例》一书的跋

这本书的书作者聂建国教授长期从事钢-混凝土组合结构的研究近30年，将传统组合结构的工程应用范围与工程设计方法，提升到一个新的广度和高度。此书是作者继出版《钢-混凝土组合梁结构——试验、理论与应用》与《钢-混凝土组合结构原理与实例》两书之后，系统介绍组合结构在桥梁工程中应用的又一力作，对国际、国内组合结构桥梁的工程实践及设计方法作了相当全面的介绍与分析。其中的部分内容，如组合梁匝道桥在弯剪扭复合作用下的计算分析、在役桥梁在不中断交通前提下的桥面加宽与组合加固技术、新型的预应力钢-混凝土空心叠合板组合梁桥面结构、考虑滑移效应的组合梁桥变形计算方法、连续组合梁桥中降低混凝土拉应力的综合抗裂措施等，则是作者自己的研究成果，已在具体工程建设中取得成效，很值得推广。

我国科研设计人员对组合结构的研究与应用，是从20世纪60年代初才开始的。直到20世纪末，研究主要集中在钢管混凝土受压构件，其组合方法是利用钢管对芯部混凝土的约束，适应了当时兴起的高层建筑底层柱、地铁车站承重柱等需要承受重载的需要，钢管混凝土在桥梁建设中的代表则是大跨拱桥。钢管混凝土在国内的研发应用，约比以美国为首的发达国家晚了60年，但后来居上，能在钢管混凝土结构的设计理论和设计方法上建立了完整的体系，并在构造、连接、吊装、施工技术上也有不少独创，堪与发达国家抗衡乃至超越。

聂建国教授在钢-混凝土组合结构上的贡献，除钢管混凝土外，

更主要的是集中在受弯的组合梁板结构及其体系上，组合方法是通过钢板（或型钢）与混凝土梁板连接面上的栓钉等不同类型的抗剪连接件，经济有效地解决了当前大规模工程建设中大跨梁板结构的建设问题。组合梁板结构的研究虽早在美国也有，但深度不足且很少工程应用。可见对于土木工程这样传统学科的科技人员，在前人已取得的研究成果上，应能做得更好，前提是认准社会发展对工程建设的客观需要，不失时机。

我与聂老师相识并共事多年，深感他思想敏锐，工作非常努力，能及时应对工程建设所需，以自己的专业特长开展研究，达到研究成果能较快取得工程应用。我对钢-混凝土组合梁板在桥梁中的应用技术并不熟悉，本无资格在书末写跋，作者将书稿付梓前的打印稿给我，为我提供了学习了解的机会，盛情难却，只能在这里说点感想，并期望能有更多从事结构工程专业的同行关注组合结构这种既传统又新颖的结构类型，共同为其研发、推广和应用做贡献。

2010 年 4 月 19 日

九、在绿色建筑会议上的发言

我从结构设计的角度对绿色建筑课题说一些想法。第一，应该重点发展工厂化生产的建筑构件，运到现场后装配成建筑物。这种装配式建筑，最节电、节水，比如现浇混凝土大量耗水的现场养护就没有了，制作构件的钢筋等建材下脚料都能得到充分利用。过去在20世纪五六十年代，装配式结构在我们国家有过风行一时的历史，但地震一来，那些用预制楼板简单地放在墙上的装配式结构都倒塌了。现在的实际情况已完全能够做到不会倒塌，预制墙板和楼板之间可以连接成牢固的整体，装配式结构的抗震性能完全满足现行规范规定的抗震要求，而且符合今天上午姚总说的标准化要求。比如，工厂生产的墙板运到工地的时候，外墙的外表装饰、保温夹层和内侧粉刷都已有了，到工地拼一下就行了，可是国内现在推广的装配式结构，现场的工作量还是太大，能不能在我们课题里将这个问题作一点分析，为资源节约多做些贡献。当今推广全装配式结构的一个阻力是其造价往往高于现浇，原因是现浇的人工费用比较低，不过这种情况终究会改变。

很多专家提到木材。竹子和木材不仅是唯一的零碳排放建材，它在生长期还能消耗二氧化碳。木结构过去给大家的印象是不耐火、易被虫蛀和腐朽。但是现在的木结构构件与20世纪五六十年代的已经完全不一样了。我从大学一毕业参加工作，差不多有八年时间，就作竹结构和木结构的研究，可能对竹材和木材有特殊的情感。这种天然生长的建材确实值得关注，现在加拿大的好几个公司到中国来已经盖了木结构房子，这些房子只能是有钱的人住，老百姓住不起，因为特别贵。现在竹结构的应用还很少，很值得研究，目前在房屋建筑里用得比较多的只是竹地板，竹地板很环保。现在的木结构与以往不同的是，过去都是将一根原木锯成方木或者板材，现在的木结构构件可以将原木先旋切成木片后用胶粘成，可以把木材里的所有木节子等疵病去掉。这样的木材，它的强度和单位质量之比值，可以跟钢材媲美，它的耐火性能也比钢材好。将竹材切成片，也可以做胶合竹结构，湖南大学他们已经建成这种示范建筑。

我们国家现在已有不少外汇，外国人不给我们高科技，我们不妨进口一些原木自己加工、设计，设立一些加工厂，加工出来的东西都是胶合木，木材胶合比其他材料的胶合更容易，可以用无毒无害、不污染环境的胶水。前两年我国公布了木结构的设计标准，规定只能盖三层以下，国外像美国和加拿大可以盖到六层，如果能盖到五层和六层就可以做公寓了。一般来说五层上下的建筑物可以不设电梯，从节约用地等各方面看都是合算的。

我们的绿色建筑研究项目最后应能达到使普通老百姓受益的效果。推广绿色建筑节能的成果最后不能成为只是有钱的人能享受而老百姓得不到利益。比如，现在推广混合汽车，混合汽车这个东西既可用汽油又可用蓄电池，蓄电池对环境污染很大，政府每年还要补贴它每辆车多少钱，这是不合适的。我们推广的绿色建筑要注意这个问题，因为本来很好的一些事情可能因为追求时髦走弯了。现在全国的绿色呼声很高，最后能不能达到绿色的效果？包括现有的建筑设备或者部件，比如节能灯，虽然省电了，但如果坏了后的回收问题处理得不好，就会新添麻烦。我住的小区，有时能看到垃圾桶里的破碎节能灯，据说这个东西处理起来很困难，而且对环境和人体健康有很大影响，推广一套新技术眼看好像是节能了，但最后造成了很难处理的环境污染就得不偿失，今天上午，朱老师也提到了有关的例子。

我们国家主要的问题是在管理，不是技术。土木工程是传统学科，在技术上当然还要发展，可是这个发展相对来说比航天等新兴学科容易些。土木工程几千年以前就已经有了，现在无非就是新材料出来了，新的工具出来了，怎么把它往前推进一步；但管理问题如果不注意，再好的技术也没有用，再好的技术都会走偏，有些好技术在其他国家能用得很好，到我们国家后可能就会走偏，我们在研究过程中可能要注意。

关于咨询项目的名称，可以修改。我觉得不一定过分强调低碳，但提出低成本的概念很好。

卢谦先生今天中午跟我说，这个项目要重点突出、目标明确，这样拿出去的成果才会比较有操作性，有利于一般老百姓而不仅是有钱的人。

2013 年 3 月

十、关于混凝土结构设计可靠度致设计院的复信

束关林、畦亮同志：

谢谢您的来信。

您如有兴趣，我可以发给您有关文章，请告您的 E-mail 地址。

安全度及我国规范中的许多重大问题，确实是值得讨论的。我在去年写了一篇文章，因病住院未能登出，最近登到《建筑结构》杂志，他们准备与庆祝 60 周年国庆成就的文章放在一起。我不同意，因为我的文章不是去歌功颂德，而是说新中国成立以来在建设中存在的严重问题，所以还是放在问题讨论栏里比较好。

我国的混凝土结构设计规范，从严格意义上说，不能被称为结构设计规范，而最多只是一个混凝土构件的设计规范。从结构的观点看，首要的是整体性要求，其次是耐久性要求。至于构件强度，相对来说比较次要，即使个别构件出问题，也不至于伤亡很多人，或者还来得及抢救。至于耐久性差，则是浪费资源。

规范之所以不能及时修改，有很多原因。

关于安全度和可靠指标，我一直是持反对意见的。因为这里主要是学者们感兴趣的事，放在面向工程师的设计规范里有点不伦不类，反而把原来很清晰的安全度概念搅得一塌糊涂。安全系数或多安全系数这是衡量安全度的概念有多么明确易懂。而 β=3.2 或 3.8 说明什么？有多安全？恐怕连规范的编写人也说不清楚。同样数值的 β，国外与我国的规范是不一样的，所以不可比。β=3.2 的失效概率是 10^{-4} 级，即 10 万个构件里会有几个不安全。如果真是这样，那就不得了，因

为一个房屋里有成千上万个构件，这样一来，请问房子会塌多少？

所以β所代表的完全是个虚假的概念，是一个完全不能当真的东西。所谓《可靠度设计统计统一标准》，说穿了是一个故弄玄虚的标准。其实，它的基础，还不是建立在以往安全系数的长期经验积累上。不过以上说的都是我的个人观点，不一定对。我并不反对可靠度研究，有时用它作为不同构件或结构安全性之间的比较还是有参考价值的。

陈肇元

2009年9月15日

十一、关于高速铁路轨道板路基致三佳公司顾问总工欧阳老师的复信

欧阳老师：

多年未晤。我对铁路轨道板和路基方面的技术可以说是外行，所以您能否先寄些资料给我学习了解一下，然后晚些再约个时间。这事非常对不起，我因脑部慢性出血，手术后思维能力严重受损，之前聂老师打电话说有一位在中南大学工作过而现在到郑州工作的欧阳老师想讨论耐久性问题，我怎么也联想不到就是您。

对于裂缝宽度和深度的限制，现在国际上除日本外，多认为以往的限制过严，特别是欧洲规范现在放得很宽。我一直觉得收缩或受拉裂缝宽度对耐久性影响不大，除非是钢筋严重锈蚀后，将混凝土胀裂，裂缝过宽会使裂缝处的细筋先出现锈迹，但以后的发展从长期看是与无裂缝处的混凝土差不多的，所以关键在于要加大钢筋的混凝土保护层厚度。当然，对高强预应力筋，较房建工程的裂缝限制应该严一些。

你们设计的保护层厚度还是大体满足土木学会指南和去年发行的耐久性设计规范要求的（GB50476—2008T），这两份资料差不多，前者更详细些，前后差不多花了我七年时间，阻力很大。100 年寿命的耐久性要求，对混凝土结构来说根本说不清，我们最早提出的讨论稿要求，比指南和 GB/T 都高，受到反对的意见很多，这样前后差不多印了有七次，一次比一次要求降得更低，最后不得不在出

版发行的第一章总则中说了一句活话，就是“要根据工程的重要程度适当提高”。“适当”二字，我原来也是不赞成的，为尊重大家的意见加上了。如果与欧洲国家比，保护层厚度还得再大些。不知您是否有我在主持编制耐久性规范时印刷过的一本内部参考用的《混凝土和混凝土结构耐久性的欧洲标准》的资料，如需要我可以先发上电子版，或暑假后在结构实验室内保留的还有，可以从邮局寄出。在参考欧洲标准时，要注意他们的定义与我国不一，而且不同的欧洲国家标准之间也不相同，水灰比中矿物掺和料的折算方法和我国不同，特别是混凝土强度的合格验收标准，比如，同样是C60或C30混凝土，他们对强度要求的保证率是99%，而我国只有95%，这样从合格混凝土的平均值来说，就差得更多了。我觉得如有可能，大量使用后不妨将轨道板的保护层再稍微增加一点。

在推广Ⅲ型轨道板时，你们能否同时编一份混凝土用的原材料（水泥、砂石、掺和料）要求，因为这些要求在轨道板的图集上可能是说不完整的。编制时可以参考欧洲标准的要求，如对粗骨料最大粒径与不同环境等级之间的关系。

涂层钢筋的涂层能否起到所认为的作用，一直有不同看法，其保护层该如何确定，似乎难以确定。冶金建筑科学研究院林志伸总工团队已研制出一种耐锈钢，能解决D级环境作用侵蚀，据说年底即可鉴定。

总之，学习了您给我的有关资料，觉得这项技术确实先进，有许多创新。轨道板的这项先进综合技术，似乎应该有郑铁三佳公司自己的标准，不低于国家标准的最起码要求。

国内的工程界长期以来一直持这样的认识，以为符合国标和部标就合格了。可是国外的企业不是这样，国标是最低标准，部门和地方标准就总体来说要比国标高。对质量要求最高的则是企业标准。

另外，我还有几个不清楚的小问题，例如，板的预应力筋在端部截断处的外露截面有无防锈处理；又如塑料套还有隔板用的塑料卡，放在混凝土内部会否老化，几十年后强度和弹性模量值会否严重降低。反正大家都认为问题不大，如能说清楚更好。环氧涂层钢筋经弯折成箍筋很难保证涂层不被破坏，除非先弯后涂（国际上有这种做法），但即使这样仍有人怀疑，甚至有人说，如果局部损坏了涂层，比不涂更不耐久，那是从电化学角度看的。有关金属锈蚀原理，我一窍不通，是道听途说的。

如果有机会见到何总，我可以顺便请教一下，到底轨道版耐久性主要问题有哪些，他对铁路是内行，提出的问题是需要特别关注的。100 年寿命的终极措施，对一般重要工程是阴极保护，可是要求“绝缘”一来，似乎是不能用了。

想到就写，杂乱无章，请谅。

祝夏安！我到北京 50 年了，从未遇到这么闷热的夏天。

陈肇元

2010 年 8 月 31 日

十二、关于减少混凝土保护层厚度的附加措施致设计院的复函

郭总：

我赞成您在 E-mail 中说的，解决混凝土结构耐久性，要两条腿走路。

从可预见的将来看，通过增加混凝土保护层的质量和厚度这条腿来解决问题，恐怕还得继续；但如果不去研发另一条腿，那就太没有出息了。

改善保护层，从经济上、可靠性上、技术要求上都最为简单。推广一种新技术，则需要工程应用的经验积累，特别是关于耐久性的问题，更需要有长期的工程应用积累，不是实验室内说效果不错就可以的。

我们可以看一下其他的办法。

（1）混凝土表层加涂层，但目前能用的涂层寿命与 100 年寿命要求的结构来说差异太大。钢结构在使用工程中可以在其表面反复涂漆，但对混凝土结构来说就比较困难。比如，对浪溅区和潮汐区的近海混凝土，就大不可能过 20～30 年再涂一次，而且费用也高。

（2）在混凝土表面渗入硅烷之类的化学剂也有类似问题，寿命较短。

（3）阻锈剂值得深入研究推广，可是也有耐久性和价格上的缺陷，亚硝类阻锈剂会流失（虽有尚有不同看法），也不环保，而且重

大工程的截面、混凝土体积都很大，如果全部都加入阻锈剂，而有用的部分往往只是表面的一层混凝土，加到内部的高效阻锈剂都浪费了。高效阻锈剂是比较贵的。

（4）阴极保护是最有效的终极解决问题的办法，一般也只能用在重要部分，有维护、保养等众多难题，并不像混凝土保护层厚度那样，在施工阶段就基本上可以一劳永逸了。

（5）耐锈钢筋是好办法，现在冶研院已开发出一种耐锈钢筋，可是耐锈钢筋期限寿命也不到 80～100 年，不是永远不锈。至于不锈钢当然好，但太贵了。

在我国，工程界持裂缝有害的观点很普遍，其实裂缝并没有这么可怕，基本上不会影响工程寿命（先张预应力筋除外），这种认识也给增加保护层厚度带来了阻力，是需要解决的。

陈肇元

2011 年 2 月 11 日

十三、关于混凝土结构设计规范的问题致中国建筑科学研究院的信

有邻、小坛同志：

我接到通知邀我参加8月23日的会。我争取到会，看身体状况而定，也可能到不了。对于混凝土结构的裂缝控制，在李明顺同志在世时，是我与他的看法重要分歧之一，在这次会议上，能否有机会时研讨一下。

我以为，我国混凝土结构的主要问题至少有三：①结构标准、混凝土材料标准和施工标准，各自为政，互不通气。这也是老问题了，其后果就使得结构工程师一般不了解混凝土材料和施工对结构性能的重要影响，许多质量缺陷因此而得。结构材料和施工规范应该“你中有我，我中有你”才是，结构规范中应该有关于材料和施工的章节，当然只是要点和关键；反过来对于材料和施工规范，也应这样。②规范篇幅太厚，我觉得一些内容应是指南内容。厚了并不说明水平就高，相反抓不住要点，可能是水平低下的表现。③裂缝计算公式既烦琐又不准确。以下就说说规范裂缝公式的害处所在，请批评指正。

（1）为了降低裂缝的计算宽度，设计人员千方百计企图降低保护层厚度，导致结构耐久性降低，缩短工程的使用寿命，这是我国规范的重大错误。

（2）对于大截面梁，保护层厚度通常较大，那时荷载下的弯曲裂缝宽度最大值是否就越大？答案是：否！裂宽最大值其实与保护

层厚度并不存在明显的关系！记得在赵国藩先生提出的公路混凝土结构设计规范中，裂宽的最大计算值几乎与保护层厚度没有关系，我国的地铁设计规范与混凝土结构耐久性设计的推荐性国标中，规定保护层厚度≥ 30 毫米时，一律按 30 毫米计算裂宽，这些均有实验依据。而混凝土国标仅凭一些小尺寸梁的实验数据，就推而广之到工程实用的大断面梁上。GB 公式如再不修改，其危害将越来越大，因为现在土建工程中的构件尺寸已远非几十年前可比。

日本人做过一项很有意思的探讨混凝土构件尺寸影响的实验。试件为均布荷载下的简支梁，跨高比 L/h=10，梁的有效高度分别为 10、20、60、100、200、300 厘米，配筋率都相同。试验发现，高度 20 厘米以下的梁为弯坏，60 厘米以上的均为剪坏。梁中的弯曲裂缝宽度，在高度为 300 厘米（实际为 324 厘米）的梁中，最高延伸到距梁底约 $0.75h$ 处（并没有设置腰筋），在中和轴上部的最大裂宽，发现与中和轴底部的最大裂宽几乎同样大小，底部的裂缝间距都很小，这些裂缝向上扩展并汇合成一条，后者间距才大致等于 1/2 有效梁高，而底部都分散成许多裂缝，间距平均值约 1/20 有效梁高（15 厘米左右），这当然也与高度大的梁在其底部必须配置多层主筋有一定关系。

（3）2010 版的国家标准（GB）我翻了一下，未能来得及很好学习，发现其仍旧沿袭了 2002 版规定的关于较厚保护层中需要设置网片的极为错误做法，而且还有所发展，不同的只是将老版中的保护层厚大于 40 毫米改成 50 毫米。好多年前，我曾给规范编写组提过这一错误，但并无回复，不知何故。

按照 GB2010 版的说法，这一规定是防止开裂后造成混凝土剥落，并引用欧盟（EU）规范的有关条文。但只要仔细对照 GB 和 EU，就能发现并非“引用”，而是断章取义，歪曲了 EU 规范的要求。如果按 GB 设计规范的规定设计一根海边盐雾环境中的梁柱构件，寿命 100 年，C50 混凝土，保护层 c=65 毫米，配表层网片的网筋直径 8 毫米，网片总厚则为 16 毫米，网片与箍筋之间的间隙 5 毫米，则网片的保护层厚度仅有42毫米，其寿命在上述环境中大概不足30年！网片保护层剥落后，箍筋的保护层仅剩下23毫米，主筋保护层也相应减少，还能有100年寿命吗？

且看欧盟EU2004版规范是怎么说的。当主筋的直径大于32毫米时，为防止混凝土主要钢筋的保护层剥落应设置表层钢筋网，表层钢筋网应置于保护层厚度大于30毫米的场合，且同时规定了网片的配筋率；EU2004版规范还规定网片的保护层最小厚度应该与系筋、箍筋和主筋相同，除非用不锈钢的网片，或者将网片喷涂成环氧涂层钢筋网片（不过环氧涂层钢筋的寿命是比较短的，只能起到有限作用）。这样的要求，其实在EU的早期版本中也有。

（4）对裂缝危害程度的看法，在欧洲学界也有分歧，EU规定符合主流观点。如果按法国人Francois等的实验数据，他们进行了实验室内模拟干湿交替浪溅区的环境，在不变的均布荷载作用下长达20年的干湿交替循环，表明裂缝处钢筋会最早发生锈蚀，但对梁的最终寿命并无明显影响。出现裂缝后，引起锈蚀的阴阳两极就在裂缝处及其紧邻处，锈蚀发展使两者融合成一个极，另一个极就需在保护层下的钢筋与其保护层混凝土黏结的薄弱环节处发生，所以裂与不裂，最终并不明显影响梁的寿命。此外，裂缝在潮湿环境中还可能发生自愈合。在实际工程中，我们也能发现，裂缝主要由混凝土收缩引起而不是荷载引起。这个问题是题外话，牵涉到锈蚀机理，我也不懂行。

以上讨论，限于钢筋混凝土构件。至于预应力构件又当别论，预应力筋一旦发生锈蚀会脆断，如果是先张构件，并无套管，那是不允许开裂的，除非另外还配置一定量的普通非预应力筋。

想起就写，信口开河，不免有主观乃至错误之处，望谅。

陈肇元

2010年8月12日

十四、关于耐久性规范的基本要求致徐有邻总工的信

有邻教授：

对于耐久性规范的送审稿，您在电话中提出这本规范对耐久性的基本要求，与国标 GB50010 的混凝土结构设计规范中有所不同的问题，我以为主要的不同点在以下四个方面：

（1）对环境分类和环境作用作了细化，这是国际上有关标准的发展趋势，是一个进步，从我国过去的设计经验看，也有必要。

（2）在保护层设计厚度中必须有施工负允差，我最近写了一篇文章登在《建筑结构》第 6 期上，请指正。另外，在工程咨询项目《土建工程使用寿命与耐久性设计标准》的编写过程中，我也着重对《混凝土耐久性设计与施工指南》与交通部、铁道部的有关标准和这次推荐性国标混凝土结构耐久性设计编写过程中提到的问题作了一些解释。

（3）钢筋防锈的保护层厚度应以最外侧钢筋作为对象，对主筋、箍筋等一视同仁，虽然最外侧的钢筋一般不是主筋。

（4）按照建筑法第 60 条，要确保合理使用寿命期内主体结构质量的原则，即在设计使用年限内不需大修的要求。

上面四条底线，本是主编单位最早提出要编写这本耐久性设计规范的缘由，否则就没有编写的必要了。这些本是解决我国混凝土结构耐久性的关键。

我觉得 GB50010 大规范要照顾到国家的整个地区，包括经济不发达地区，而这本耐久性规范是推荐性的，可由业主与设计者选用。

如果因标准不同，出事故后打官司，本应以工程合同文件中载明的那本标准为依据。所以GB混凝土结构设计大规范和耐久性规范应各有底线，可以不同。我认为，用大规范的耐久性底线来设计发达地区城镇的房屋，业主（房屋的所有人）以后要吃大亏的，拿到好处的可能只是唯利是图的开发商。

陈肇元

2012年

十五、关于高强混凝土试件的尺寸影响系数致建材研究所的信

韩工、张主任：

上周的评审会开得很晚，我有一点未及汇报，简述如下，供参考。

关于高强混凝土试件的尺寸影响系数，我在出版的《高强混凝土及其应用》一书中曾有扼要评述。此后，我找了一个学生花了半年时间进行实验作为毕业论文，对比不同压力实验机的刚度，实验机上、下加压钢板的刚度，以及试件混凝土收缩对不同尺寸试件抗压强度的影响，结合国外的有关实验资料，大致得出以下结论。

（1）尺寸影响系数在低强混凝土中，按现有标准的折减系数是大体合适的，如果对C50及大于C50的混凝土则不适合。所以，将高强混凝土的界限定在C50也是合适的。

（2）对于高强混凝土，还要考虑试件收缩对强度的影响。我们发现，如果试件从养护室取出立即做实验，或者在空气中放置一昼夜后做实验，后者得出的强度偏高，但在低强混凝土中未见此种现象，估计是由于高强混凝土密实，试件内部缺水不足以致完全水化，而养护室中试件表面有充分水分供给，所以内部混凝土应力分布高度不均匀。我想你们也可以做一下实验。日本的资料中也有述及收缩的影响，如日文杂志《混凝土工学》1991年9月第9期。如果真

是这样，则在《标准》的条文中说明才好，因为从养护室取出放置一昼夜的试件做实验是常有的事。

还有一件事，我国的混凝土强度保证率定在95%，如果再考虑到施工的截面尺寸允差也是这样，则在确定（安全分项系数）混凝土构件的安全度时考虑不够安全，所以截面尺寸的负允差最好取为零。

陈肇元

附录 | 二 |

代表性论文、著作与标准

以下的代表性论文，凡由陈肇元个人书写的，在论文的开首不再写出作者的名字。

一、竹结构领域

（1）有关竹屋架的几个问题．清华大学学报，1958（2）．

（2）抵承填板式竹屋架研究．哈尔滨工业大学学报，1957（7）．

（3）竹、木结构中圆钢梢结合的计算．哈尔滨工业工大学学报（竹材利用论文专号），1958（8）．

（4）竹材的斜纹抗拉与挤压强度以及含水量的影响．哈尔滨工业大学学报，1957（7）．

（5）有关竹屋架的若干问题．清华大学学报，1958（6）．

（6）裂缝对竹结构梢结合强度影响．哈尔滨工业大学学报，1957（7）．

（7）竹结构抵承结合的试验研究．哈尔滨工业大学学报，1957（3）．

（8）中心受压的圆竹杆件．哈尔滨工业大学学报，1957（1）．

二、抗爆结构

（1）爆炸荷载下的混凝土结构性能与设计 . 2015. 中国建筑工业出版社 .

（2）抗爆结构［中国土木工程指南（第二版）第十一篇］. 2002. 北京：科学出版社 .

三、地下结构

（1）陈肇元，崔京浩 . 2000. 土钉支护在基坑工程中的应用 . 北京：中国建筑工业出版社 .

（2）宋二祥，陈肇元 . 土钉支护及其有限元分析 . 工程勘测，1996（2）.

（3）土钉支护设计的修正条分法 . 工程勘测，1997（6）.

（4）Zhang Mingju，Song Erxiang, Chen Zhaoyuan. Ground movement analysis of soil nailing construction by 3–D finite element modeling. Computers and Geotechnics, 1999(4).

四、混凝土结构

（1）混凝土结构安全性耐久性及裂缝控制 . 2013. 北京：中国建筑工业出版社 .

（2）混凝土结构耐久性设计与施工指南 . 2004. 北京：中国建筑工业出版社 .

（3）陈肇元 . 2000. 土建结构工程的安全性与耐久性 . 北京：中国建筑工业出版社 .

（4）关于某混合结构房屋计算图形的试验研究，载清华大学土建系科研报告文集，2001—003.1964（7）.

（5）多层混合结构中梁板的嵌固作用 . 建筑结构学报，1986（2）.

（6）Clamping effect of beams in multistory masonry structures with RC floors. In C. Y. Young(Ed.), Chinese Journals of Structured Engineering, ASCE. 1989.

（7）世界建设科技发展水平与趋势（第 39 章防护工程）. 1993. 北京：中国科学技术出版社 .

（8）要大幅度提高建筑结构设计的安全度 . 建筑结构，1999（01）.

（9）安全第一还是节约第一 . 中国改革，1999（3）.

（10）结构设计规范与市场经济 . 建筑结构，2001（5）.

（11）混凝土结构的安全性与规范可靠度设计方法 . 建筑技术，2001（10）.

（12）结构设计规范的可靠度设计方法质疑 . 建筑结构，2002（4）.

（13）中国工程院土木、水利与建筑工程学部. 2006. 论大型公共建筑工程建设. 北京：中国建筑工业出版社.

（14）钢筋的混凝土保护层设计要求急待改善. 建筑结构，2007（6）.

（15）结构设计规范应确保工程合理使用寿命要求. 建筑结构，2008（3）.

（16）完善技术标准，提供性能切合工程需求的混凝土. 混凝土，2009（2）.

（17）我国的混凝土结构技术规范急需革新. 建筑结构，（11）.

（18）Concept and requirements of durability design for Concrete Structures: An extensive review of CCES01, Materials and Structures.

五、高强与高性能混凝土

（1）高强混凝土及其应用. 1993. 北京：清华大学出版社.

（2）高强混凝土结构设计指南（HSCC93-1）. 1994. 北京：中国建筑工业出版社.

（3）高强混凝土结构施工指南（HSCC93-2）. 1994. 北京：中国建筑工业出版社.

（4）高强混凝土在建筑工程中的应用. 建筑结构，1994（9）.

（5）Utilization of high-strength concrete in China, 4th Int. Symp. On Utilization of HSC/HPC. Concrete, Paris, 1996.

（6）王德怀，陈肇元. 高性能混凝土的配合比设计. 混凝土，1996（6）.

（7）高强混凝土与高性能混凝土. 建筑技术，1997（9）.

（8）高强与高性能混凝土的发展研究及应用．土木工程学报，1997（10）．

（9）Wang Dehui, Chen Zhaoyuan. Computerized mix proportioning for HPC. Concrete International. 1997(9).

（10）On predicting compressive strengths of mortars with ternary blends of cement. GGBFS and Fly Ash, Cement and Concrete Research, 1997（4）．

（11）高强混凝土与高性能混凝土．载中国建筑技术政策．1998. 北京：中国城市出版社．

（12）谢涛，陈肇元．高强混凝土柱抗震性能的试验研究．建筑结构，1998（12）．

（13）高强混凝土结构设计与施工技术规程（CECS104:99）. 中国工程建设标准化协会，2001.

（14）高强混凝土和高性能混凝土，载中国科学技术前沿1999/2000. 北京：高等教育出版社，2000（6）.

（15）高强混凝土结构技术规程（CECS104:99）介绍——规程使用中需注意的若干问题之一．建筑结构，2001（1）；之二，建筑结构，2001（2）．

（16）高强混凝土受压构件延性的截面宽度效应．工业建筑，2001（3）．

（17）结构混凝土性能技术规范及条文说明．混凝土世界，2009（7）．

以上均为公开出版发行的代表性论文和著作。作者书写篇幅更多的是内部研究报告和论坛报告。

六、规范标准

1. 作者主持并作为主要编写人的规范标准

（1）混凝土结构耐久性设计规范（GBJ/T 50476—2008）；

（2）公路工程混凝土结构防腐蚀技术规范（JTG/T B07—01—2006）；

（3）基坑土钉支护设计与施工指南（CECS 96，1996）；

（4）基坑土钉支护技术规程（CECS 97，1997）；

（5）公路土钉支护设计施工指南（2006）；

（6）高强混凝土技术规程（CECS104/99，1999）；

（7）高强混凝土结构设计与施工（HSCC93—1，1993）；

（8）混凝土结构耐久性设计与施工指南（CCES01—2004）（2005修订版）；

（9）混凝土结构耐久性设计与施工指南（CCES01—2004）；

（10）深圳市历史遗留建筑物安全性检查评估和检测鉴定规程（2013）。

2. 作者参编规范标准

（1）铁路混凝土工程施工技术指南（TZ 210—2005）；

（2）铁路混凝土结构耐久性设计暂行规定 铁（2005）157 号；

（3）铁路混凝土工程施工质量验收补充标准 铁建设 2005-160号；

（4）混凝土结构耐久性修复与防护技术规程（2007）；

（5）结构混凝土性能技术规程（CCPA—S001 2012）。

附录 | 三 |

研究生培养

（1）硕士生 9 人：邸小坛、郁峰、季耀东、高健、顾渭键、李昌朋、辛红、谢涛、童元庭。

（2）博士生 14 人：王德怀、苗启松、江水德、高培正、池耀君、叶燎原、杨军、张明聚、沈顺高、李春秋（与李克非教授一起指导）、初明进、周新刚、张想柏。刘伟（为深圳大学代培，与湖南大学谢友均教授合作指导，由湖南大学颁发博士学位）。

附录 | 四 |

作者大事年表

1931年10月1日 出生于浙江省宁波市。

1936年 上小学。

1945～1949年 就读于宁波私立效实中学。

1949年7月 离开宁波到上海，在上海私立中国纺织学院读大一，加入青年团。

1950年9月 转学到北平的国立清华大学读大二。

1952年9月 按当时的高教部规定，国内所有大学三年级学生提前一年毕业。毕业后由国家统一分配在清华大学当助教，在土木工程系结构力学与钢木结构教研组讲授并辅导结构力学与木结构课程至1955年7月。

1953年3月 加入中国共产党，任清华大学土木工程系青年团支部书记，除教学工作外，还参与竹结构科研。

1955年8月 升任讲师。

1955年9月～1957年8月 到哈尔滨工业大学向苏联专家卡岗教授学习，从事竹结构研究，同时任教哈尔滨工业大学讲授课程。

1957年8月 返回清华大学，除教学和竹结构科研外，兼任主管科研的系秘书行政职务。

1958年5月 与张茂能结婚。

1959年 因思想“右倾”，对当时校内“大跃进”运动累表不满意见，成为土木工程系教师中的“右倾”典型，受到批判。

1961年 因“右倾”接受思想改造，遭脱离教学、种菜劳动一学期的处罚，被撤销担任的系行政职务。

1962～1980年年初 长期从事国防和人防的防护工程科研。

1965年6～7月 参与成昆、昆贵、川黔三线铁路建设的考察。

1966年 “文化大革命”时，由于不再是行政干部，有幸成为

“逍遥派”。

1974年　按规定，教师需脱离教学科研轮流接受劳动改造，到北京郊区大兴农场，下放劳动养猪一年。

1975年　回校，到郊区石景山钢铁厂，开门办学一年。

1976年年底　回校，任土木建筑系主管科研工作的副系主任兼地下工程教研组主任。

1982～2000年　先后从事高强高性能混凝土结构、地下工程设计与施工领域的科研工作。

1983年4月　作为访问学者到美国伊利诺伊大学香槟分校学习一年。

1984年9月　任中国土木工程学会常务理事，前后长达18年，后任副理事长，并长期担任防护工程学会副理事长。

1984年9月～1988年9月　任土木工程系系主任四年。

1997年11月　当选为中国工程院院士，2000年任中国工程院的土木、水利与建筑工程学部常务副主任，2002年和2004年任两届土木、水利与建筑工程学部主任。

2001年至今　从事混凝土结构工程安全性、耐久性和合理使用寿命的研究。期间有三年兼任清华大学深圳研究生院的结构安全性研究中心的主任，并兼任汕头大学兼职教授约半年、深圳大学兼职教授七年，但主要工作时间仍在北京清华大学本部。

2003～2008年　兼任公安部消防局专家组顾问。

2011年起　因健康状况不佳，难以正常上班，主要在家中从事写作。

后　记

我本无书写自传的想法，一是我们这辈老年人的经历与现在年轻人大不相同，对他们的借鉴价值不大；二是自己做过的一些事情，并没有刻意记载下来，现在记忆力衰退，八十忆旧成为一件困难的事。面对中国工程院要求资深院士出版传记的安排，只能勉强提起笔来。

回顾我在清华大学从事科研工作的65年，大体可分为改革开放前和改革开放后两个阶段。从参加工作到改革开放前，一切科研任务都是组织上安排的，不需自己考虑，只要埋头苦干就成。在生活上，住的房子是政府租给的，全家4口人，长期挤在一间10平方米的集体宿舍里。大家都这样，没有太多可比高低，所以也没有什么可埋怨的；我的工资在同龄人中还算是高的，与爱人的加在一起，每月140元。

当时我完成的两个科研项目，一个是圆竹结构，另一个是防护结构，都是领导安排的热门课题。现在看来，前者限于那时的手工制造和防腐、防蛀条件有限以及圆竹本身存在断面小、承载力低等欠缺，要基本解决城镇土建工程建设问题实属蛮想；不过用圆竹结构修建农村用房等工程还是很适宜的，不管怎样，竹材终究是天然生长最快、最环保的建材。

防护结构的研究针对国家当时遭受的核威胁，但是随着常规武器的快速发展和核武器普遍受到国际舆论的谴责，实际发生核袭击的可能性现在已不如从前；相反，能够撞入深层岩土、攻击重要首脑工事的钻地弹，已成为当前研究的重点防护对象。

改革开放以后，研究项目已没有领导的安排，需要自己到政府有关部门申请或与有关产业部门提出协作。个人有了较大的自由权选择研究内容以适应他的志趣和爱好。新中国成立后到改革开放前的 30 余年内，国内始终没有过像样的城镇建设，而在国外，这些年正是战后快速发展步入发达国家的时期。想到这些，我预感国内的大规模建设即将到来，所以将研究内容首先转到最主要的建筑材料混凝土和混凝土结构以及地铁等地下结构。

我国土建工程的最大缺陷是耐久性、安全性不足，使得建筑物的使用寿命短促，大概仅有国外建筑物的一半，完全违背节约资源、保护环境和绿色建筑的方针；要改变这种局面，就必须彻底转变我国建筑结构设计施工规范的低标准要求。

我在科研中能够取得些微成绩，最主要的一个原因，大概在于工作中愿意尽量多花力气，能够紧跟工程建设的发展需求并预计到需求的所在；从事工程技术而非单纯从事理论探索的人，还是更要紧跟所处时代的需求。

自传初稿得到清华大学土木工程系崔京浩、朱金铨、过镇海、王鲁生、朱宏亮五位教授的校阅；中国工程院的葛能全先生仔细审阅了本书初稿，并指出其中的不少差错。在此一并致谢。